Das Projekt

P

Grundlagen des Lernens / Arbeitens	1
Grundriss Untergeschoss	2
Grundriss Erdgeschoss	3
Grundriss Obergeschoss	4
Schnitt und Ansicht Osten	5
Ansichten von Norden und Süden	6

Die Lernfelder

L

Lernfeld 1: Einrichten der Baustelle

Geschichte des Bauens	7
Bauberufe, Baustoffe	8
Bauplanung, Bauausführung	9
Baustelleneinrichtungsplanung	11
Längenmessung	12
Arbeitssicherheit, Unfallverhütung	13

Lernfeld 2 Erschließen und Gründen des Bauwerks

Bodenarten	15
Baugruben und Gräben	16
Gründung	17
Entwässerung	18
Verkehrsflächen	19

Lernfeld 3: Mauern eines einschaligen Baukörpers

Planung	21
Wandarten, künstliche Mauersteine	22
Mauermörtel	23
Maßordnung	25
Das Mauern	26
Feuchtigkeitsschutz	29
Darstellung von Baukörpern	30

Lernfeld 4: Herstellen eines Stahlbetonbauteils

Zement	31
Gesteinskörnung	32
Betontechnologie	34
Betonstähle, Bewehrung	35
Schaltechnik	37
Bauen und Umwelt	38

Lernfeld 5: Herstellen einer Holzkonstruktion

Wachstum und Aufbau des Holzes	39
Handelsformen, Holzwerkstoffe	40
Techn. Eigenschaften des Holzes	41
Holzschädlinge, Holzschutz	42
Holzverbindungen im Fachwerkbau	43
Pfettendach	44
Holzverbindungen, Verarbeitungsw.	46
Dachdeckung	47

Lernfeld 6 Beschichten und Bekleiden eines Bauteiles

Putze	49
Fußböden und Estricharbeiten	51
Fliesen und Platten	52
Abdichtungen	54

Name:	Klasse:	Datum:

Das Projekt

„Lernen, ohne zu denken, ist vergebene Mühe."

Dieser Satz stammt von dem chinesischen Staats- und Sittenlehrer **Konfuzius** (551 – 478 vor Chr.) und sollte für jeden die Grundlage des Lernens und Arbeitens sein. Lernen heißt nicht, etwas auswendig zu lernen, sondern
- sich mit den Inhalten auseinanderzusetzen
- die Inhalte zu begreifen
- das Gelernte anzuwenden.

Auswendiglernen hilft nur kurzfristig. Was nur angelernt und nicht verstanden wurde, kann auch nicht auf andere Bereiche oder Situationen übertragen werden.
Mit Auswendiglernen kann man sicher auch die eine oder andere gute Note erreichen, ein guter Fachmann wird man dadurch aber nicht!

Wie löst man eine Aufgabe?

Die Aufgabe sorgfältig lesen
- Was wird konkret gefragt?
- Welche Ergebnisse werden erwartet (Texte, Zeichnungen, Berechnungen ...)?

Informationsquellen herausfinden
- Fachbücher, Tabellenbücher
- Aufschriebe
- Fachzeitschriften
- Internet
- Firmenprospekte
- Lehrer, Ausbilder, Mitschüler

Lösungsweg festlegen
- Sammeln von Informationen
- Ordnen des Materials
- Entwurf der Lösung (Zeichnung, Text, Berechnung ...)

Falls die Ergebnisse präsentiert werden sollen:
- Fertigstellen der Lösung (Reinzeichnung, Reinschrift oder Ausdrucken der Texte, Einfügen von Bildmaterial ...)

Häufig werden **Aufgaben in der Gruppe** gelöst.
Dabei sollte man:
- die Aufgabe gemeinsam lesen
- den Lösungsweg besprechen
- festlegen, wer in der Gruppe welche Aufgabe übernimmt
- die erledigten Einzelarbeiten zusammentragen, besprechen und die Lösung formulieren

Name: ____________ Klasse: ____________ Datum: ____________

Das Projekt

Grundriss Untergeschoss

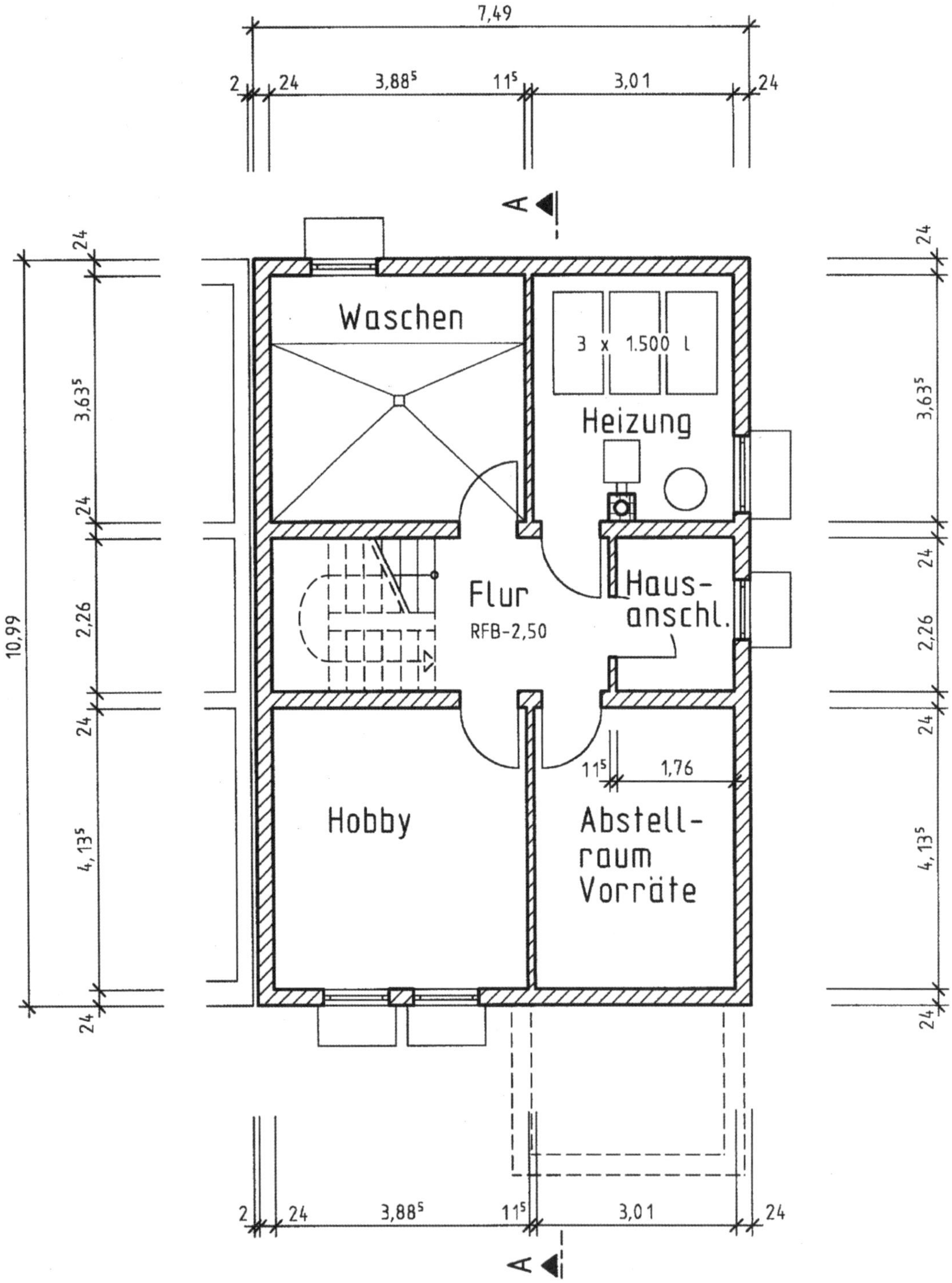

Untergeschoss 1:100

Name:	Klasse:	Datum:

Grundriss
Erdgeschoss

Das Projekt

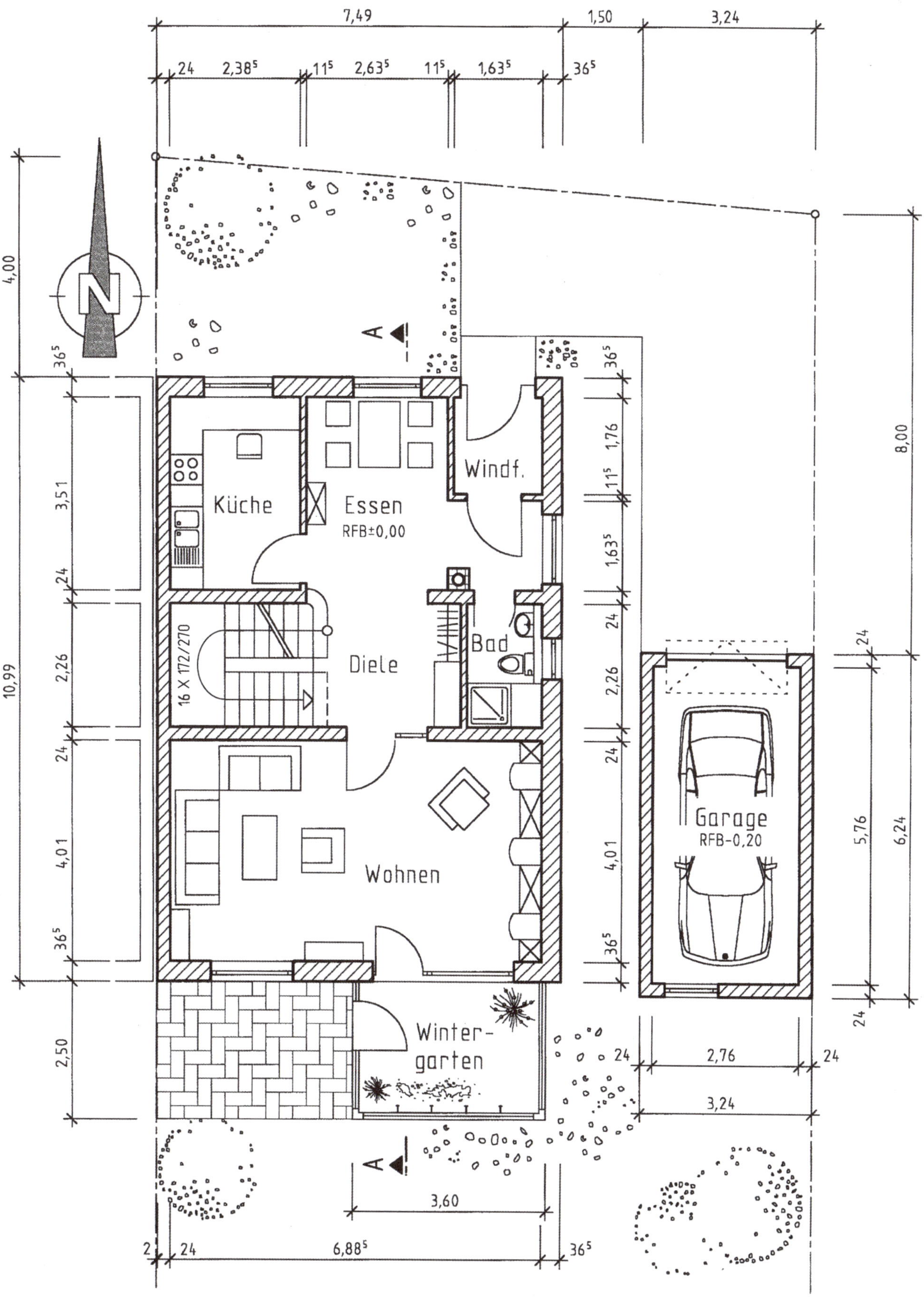

Erdgeschoss 1:100

Name:

Klasse:

Datum:

P	**Das Projekt**	Grundriss Obergeschoss

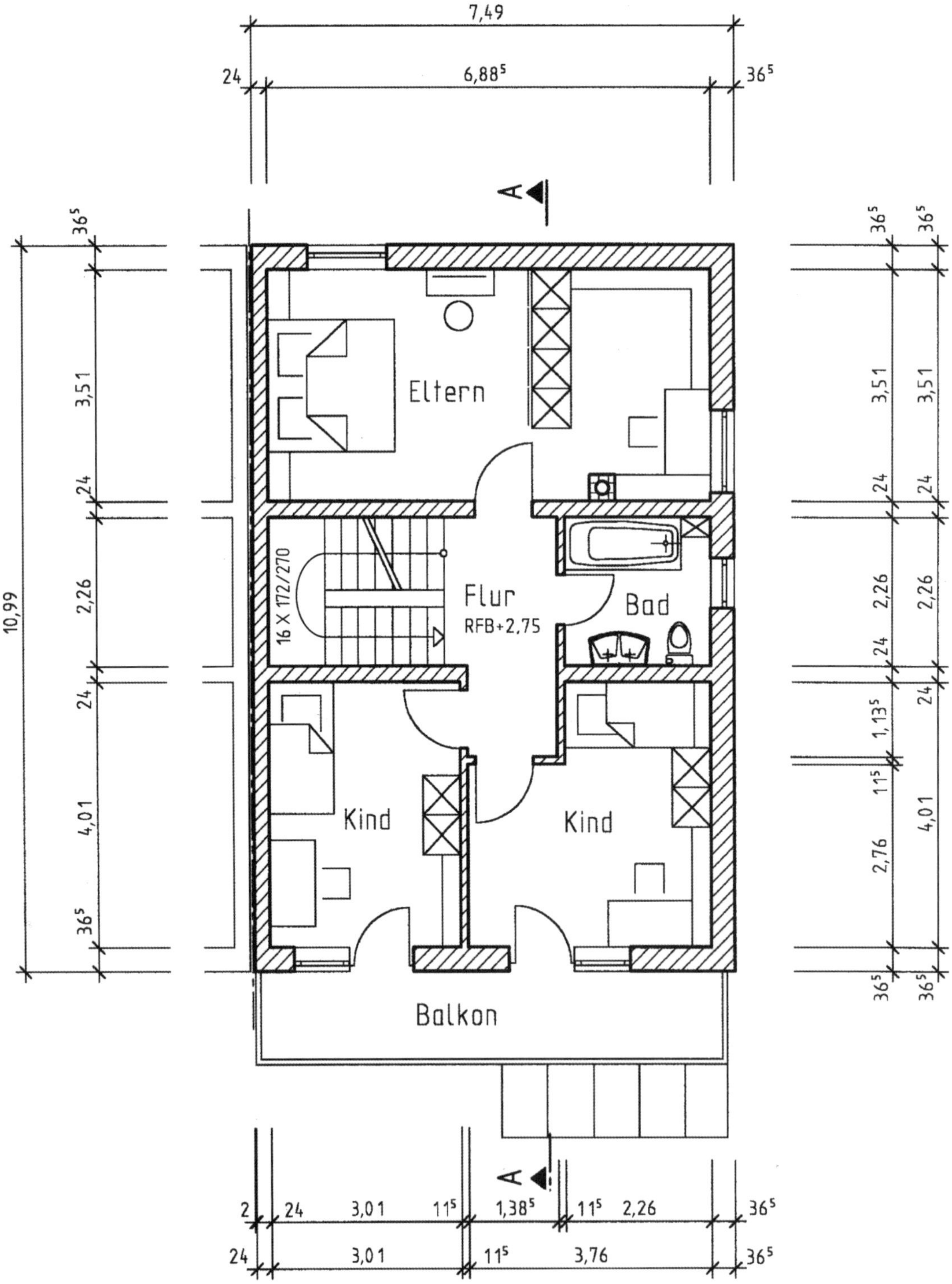

Obergeschoss 1:100

Name:	Klasse:	Datum:

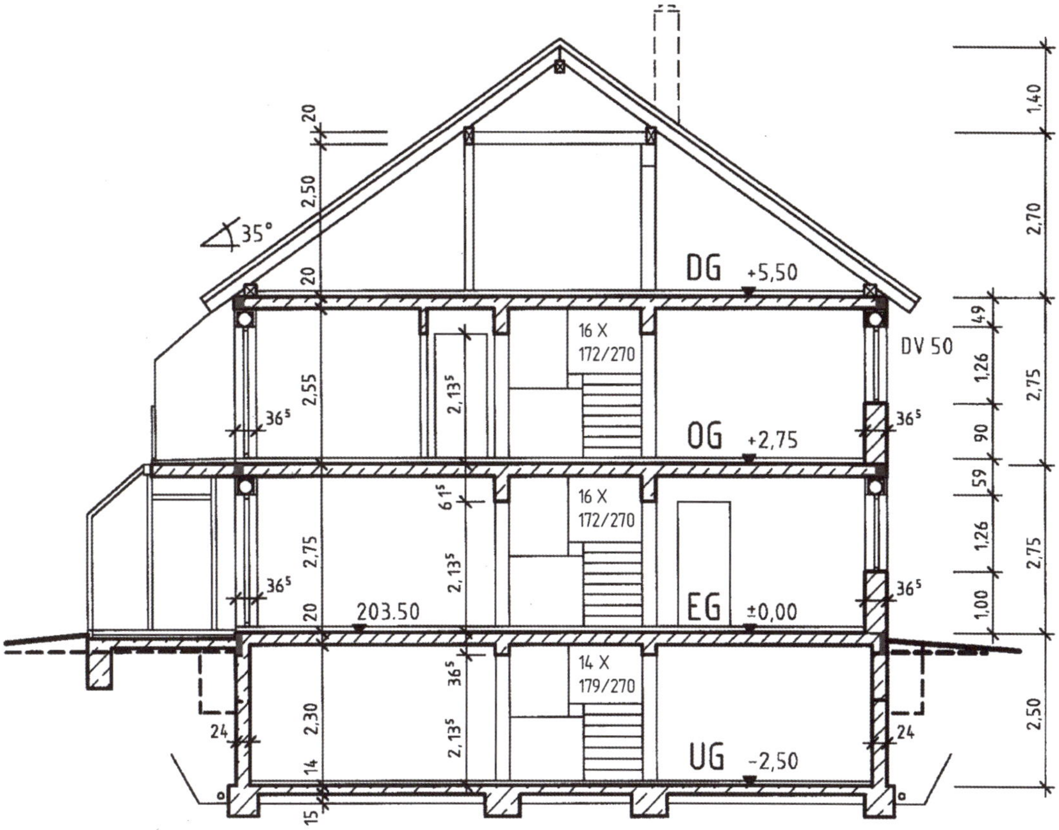

Schnitt A – A 1:125

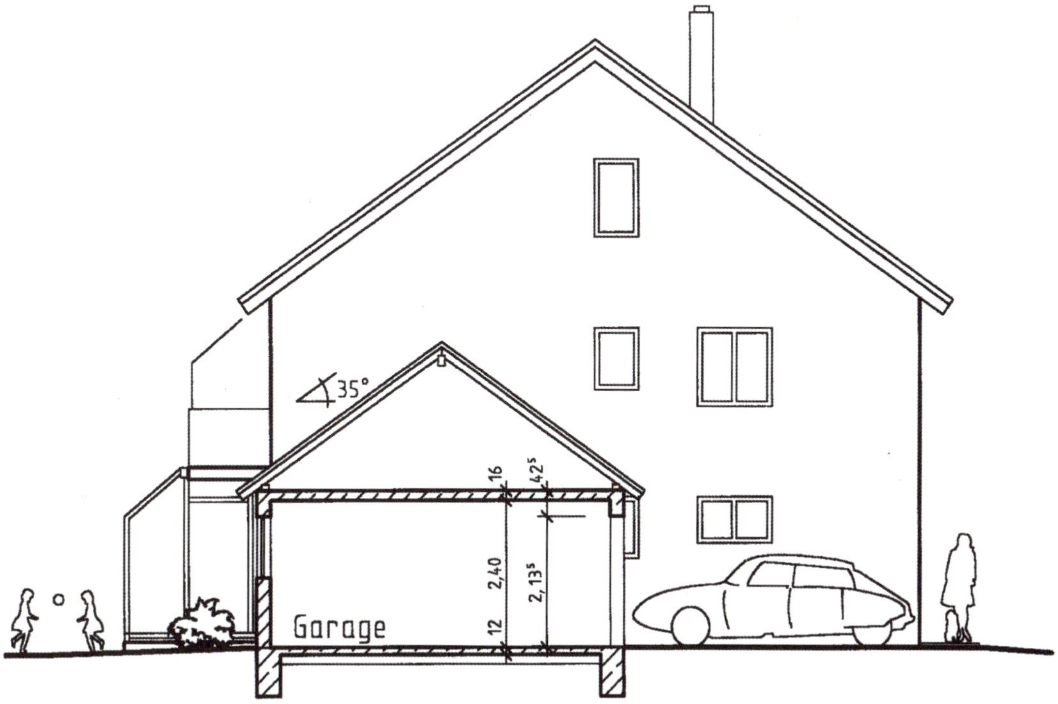

Ansicht von Osten 1:125

Name:

Klasse:

Datum:

P

Das Projekt

Ansicht Norden
Ansicht Süden

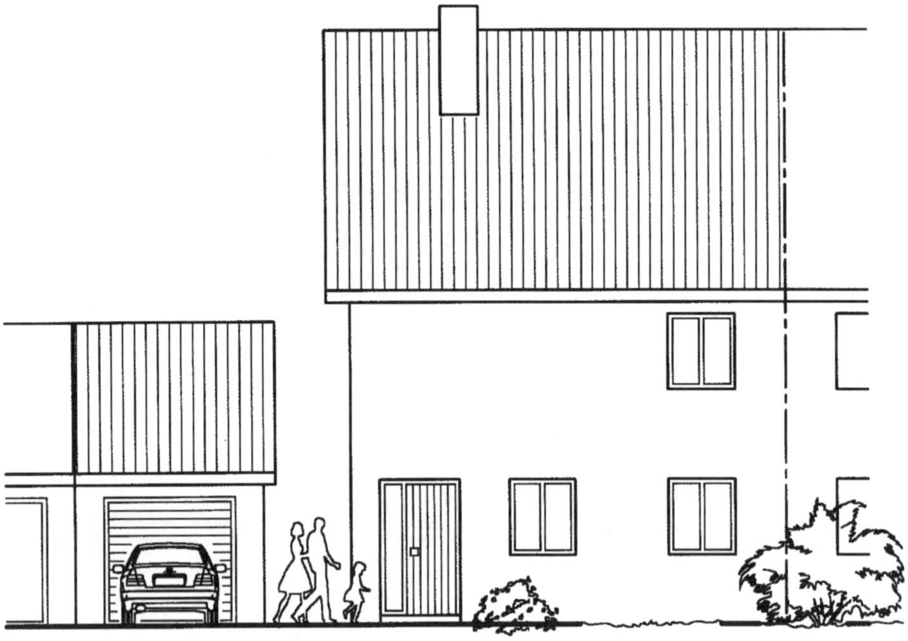

Ansicht von Norden 1:125

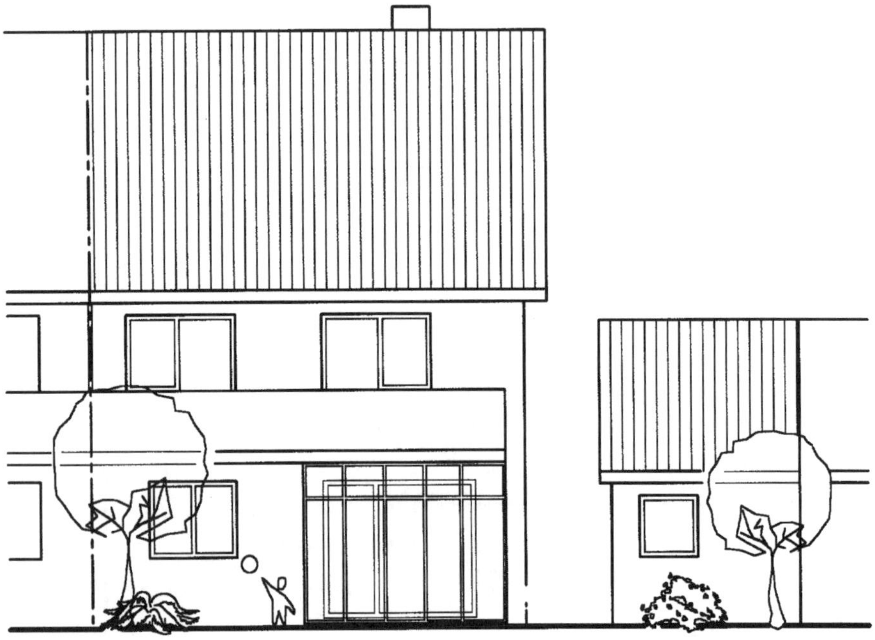

Ansicht von Süden 1:125

Name:	Klasse:	Datum:

1 Einrichten der Baustelle

1. Wer heute ein modernes Haus baut, schaut sich auch gerne Baudenkmäler aus vergangenen Zeiten an. Ordnen Sie die folgenden Bauwerke den Stilepochen Romanik, Gotik, Renaissance, Barock und Klassizismus zu.

Renaissance

Romanik

Klassizismus

Barock

Gotik

2. Nennen Sie jeweils 5 Bauten innerhalb der Bundesrepublik Deutschland.

a) aus der Zeit der **Romanik**: *Klosterkirche in Alpirsbach*

Abteikirche Maria Laach, Münster in | *Dom in Speyer/Worms/Limburg*

Mittelzell, Stiftskirche in Gernrod | *Michaelskirche in Fulda*

b) aus der Zeit der **Gotik**: *Stadttore Lübeck/Stendal, Stiftskirche Stuttgart*

Dom in Erfurt/Meißen/Freiberg/Köln | *Marienkirche in Wismar und Lübeck*

Frauenkirche Nürnberg | *Ulmer/Freiburger/Straßburger Münster*

c) aus der Zeit des **Barock**: *Wallfahrtskirche Vierzehnheiligen*

Frauenkirche und Zwinger in Dresden | *Klosterkirche Weingarten, Kloster Ottobeuren*

Schloss in Würzburg/Ludwigsburg | *Schloss Sanssouci in Potsdam*

d) aus der Zeit des **Klassizismus**: *Schloss Rosenstein/Wilhelmspalais in Stuttgart*

Brandenburger Tor/Neue Wache in Berlin | *Rathaus von Eutin*

Nicolaikirche in Potsdam | *Schloss Wörlitz*

Name: ____________ Klasse: ____________ Datum: ____________

1 Einrichten der Baustelle

Bauberufe
Baustoffe

1. Welche Bauberufe sind am Bau des Reihenhauses (einschließlich Planung) beteiligt?

Bauzeichner/-in
Beton- und Stahlbetonbauer/-in
Bauwerksabdichter/-in
Maurer/-in
Zimmerer/Zimmerin
evtl. Trockenbaumonteur/-in
Dachdecker/-in
Elektroinstallateur/-in
Schreiner/-in
Estrichleger/-in
Fußbodenleger/-in
Fliesenleger/-in
Maler/-in, Glaser/-in
Anlagenmechaniker für Sanitär-, Heizungs- und Klimatechnik
Stuckateur/-in

2. Warum braucht ein Baufacharbeiter Kenntnisse über die Baustoffe?

Ein Handwerker muss wissen, welchen Baustoff er für welche Arbeit einsetzen kann.
Ein Handwerker muss Baustoffe nach den Regeln der Baukunst ver- und bearbeiten können.
Je mehr Wissen er hat, desto schneller kann er arbeiten, weil ständiges Nachfragen unnötig ist.
Ein guter Handwerker muss einem Bauherren etwas erklären können.

3. Warum braucht jeder Baufacharbeiter auch Grundkenntnisse in anderen Bauberufen?

Ein Handwerker muss auch Fehler des Vorgängers erkennen. Er darf nicht auf diesen Fehlern weiterarbeiten.
Bei fachgerechter Ausführung werden keine Nacharbeiten nötig.

Name: ______________ Klasse: ______________ Datum: ______________

1 Einrichten der Baustelle

1. Auf Seite 18 im Fachbuch **Lernfeld Bautechnik / Grundstufe** ist das Grundstück für das Reihenhaus in einem größeren Maßstab dargestellt. Greifen Sie die Strecke $\overline{EA}$ aus der Zeichnung heraus. Rechnen Sie diese Strecke mit dem Dreisatz in das Originalmaß um.

Umrechnung des größten Maßes 10,99 m → gemessen 4 cm:

$4{,}00\text{ cm} \Rightarrow 10{,}99\text{ m}$

$1{,}00\text{ cm} \Rightarrow \dfrac{10{,}99\text{ m}}{4\text{ cm}}$

$\overline{EA}$:

$3{,}45\text{ cm} \Rightarrow \dfrac{10{,}99\text{ m} \cdot 3{,}45\text{ cm}}{4\text{ cm}} = 9{,}48\text{ m}$

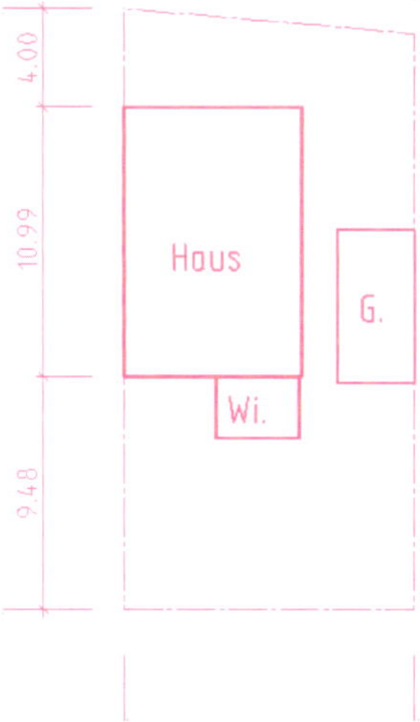

2. Für das Grundstück mussten 282,50 €/m² bezahlt werden. Wie viel € hat das Grundstück gekostet?

$$A = \frac{l_1 + l_2}{2} \cdot h = \frac{\overline{AD} + \overline{BC}}{2} \cdot \overline{AB} = \frac{24{,}47\text{ m} + 23{,}47\text{ m}}{2} \cdot 12{,}24\text{ m} = 293{,}39\text{ m}^2$$

$293{,}39\text{ m}^2 \cdot 282{,}50\text{ €/m}^2 = \underline{\underline{82.882{,}68\text{ €}}}$

3. Die Bauherren können von dem Grundstückspreis 45.000 € sofort aus Rücklagen bezahlen. Wie viel Prozent des Kaufpreises müssen über die Bank finanziert werden?

$82.882{,}68\text{ €} - 45.000\text{ €} = 37.882{,}68\text{ €}$

$37.882{,}68 \Rightarrow \dfrac{100 \cdot 37.882{,}68}{82.882{,}68} = \underline{\underline{45{,}71\ \%}}$

4. Wie viel Prozent des Grundstückes werden einschließlich Garage und Wintergarten bebaut?

Gebäude	*Wohnhaus:*	$7{,}49\text{ m} \cdot 10{,}99\text{ m} =$	$82{,}32\text{ m}^2$
	Wintergarten:	$3{,}50\text{ m} \cdot 2{,}50\text{ m} =$	$8{,}75\text{ m}^2$
	Garage:	$3{,}24\text{ m} \cdot 6{,}24\text{ m} =$	$20{,}22\text{ m}^2$
	gesamt bebaut:		$111{,}29\text{ m}^2$

$296{,}82\text{ m}^2 \Rightarrow 100\%$

$111{,}29\text{ m}^2 \Rightarrow \dfrac{100 \cdot 111{,}29}{293{,}39}\ \% = \underline{\underline{37{,}9\ \%}}$

Name: ______ Klasse: ______ Datum: ______

5. Das Grundstück ist gekauft. Welche Vorarbeiten sind bis zur Erteilung der Baugenehmigung nötig? siehe Lernfeld Bautechnik, Grundstufe S. 18 ff.

Architekt:

Prüfung, was gebaut werden darf
Entwurf nach den Wünschen der Bauherrschaft
Baukostenberechnungen aufstellen
Erstellung des Bauantrages mit allen notwendigen Zeichnungen

Statiker:

Berechnung der Standsicherheit
bauphysikalische Nachweise führen

Vermessungsingenieur:

Grundstück vermessen und Lageplan zum Bauantrag erstellen

6. Die Baugenehmigung ist erteilt. Welche Arbeiten sind nun zu machen?

Ausführungs- und Detailzeichnungen anfertigen
Leistungsverzeichnisse aufstellen, verschicken und später prüfen
Bauverträge abschließen
Bauzeitenplan aufstellen

7. Der neue Auszubildende hört während einer Unterhaltung auf der Baustelle das ihm unbekannte Wort *Konventionalstrafe.* Erklären Sie diesen Fachbegriff.

Eine Konventionalstrafe ist eine Geldstrafe, die der Unternehmer/ Handwerker z. B. bei Nichteinhaltung von Terminen zu zahlen hat. Mit diesem Geld sollen die dadurch entstandenen Zusatzkosten beglichen werden.

8. Der neue Auszubildende fragt Sie, was ein *Zuschlag* in Verbindung mit einem Angebot ist. Erklären Sie auch diesen Fachbegriff.

Haben mehrere Unternehmer ein Angebot abgegeben, kann nur einer den Auftrag bekommen (Zuschlag).

9. Welche Aufgabe hat ein Bauzeitenplan?

Der Bauzeitenplan gibt einen zeitlichen Überblick über den Ablauf des Bauvorhabens. Man erkennt, wann welcher Handwerker mit seiner Arbeit beginnen sollte und wann er fertig sein sollte.

10. Besorgen Sie bei Ihrer Bauaufsichtsbehörde die Unterlagen für einen Bauantrag. Schreiben Sie stichwortartig auf, welche Angaben zum Bauvorhaben gemacht und welche Unterlagen eingereicht werden müssen.

Name:	Klasse:	Datum:

1 Einrichten der Baustelle

1. Verbinden Sie die Satzteile so miteinander, dass sich für die Baustelleneinrichtung korrekte Aussagen ergeben.

Die Zufahrt zur Baustelle	sollten außerhalb des Schwenkbereichs des Krans liegen.
Das gesamte Bauwerk	wirken sich auf Kosten aus.
Die Unterkünfte	sollte wetterfest und nicht zu steil sein.
Lange Transportwege	sollten möglichst geschlossen angelegt werden.
Die Zufahrt sollte als	muss im Schwenkbereich des Krans liegen.
Gebäude der Baustelleneinrichtung	Durchfahrt oder mit Wendemöglichkeit angelegt werden.

2. Welche Fehler wurden bei der Baustelleneinrichtungsplanung gemacht?

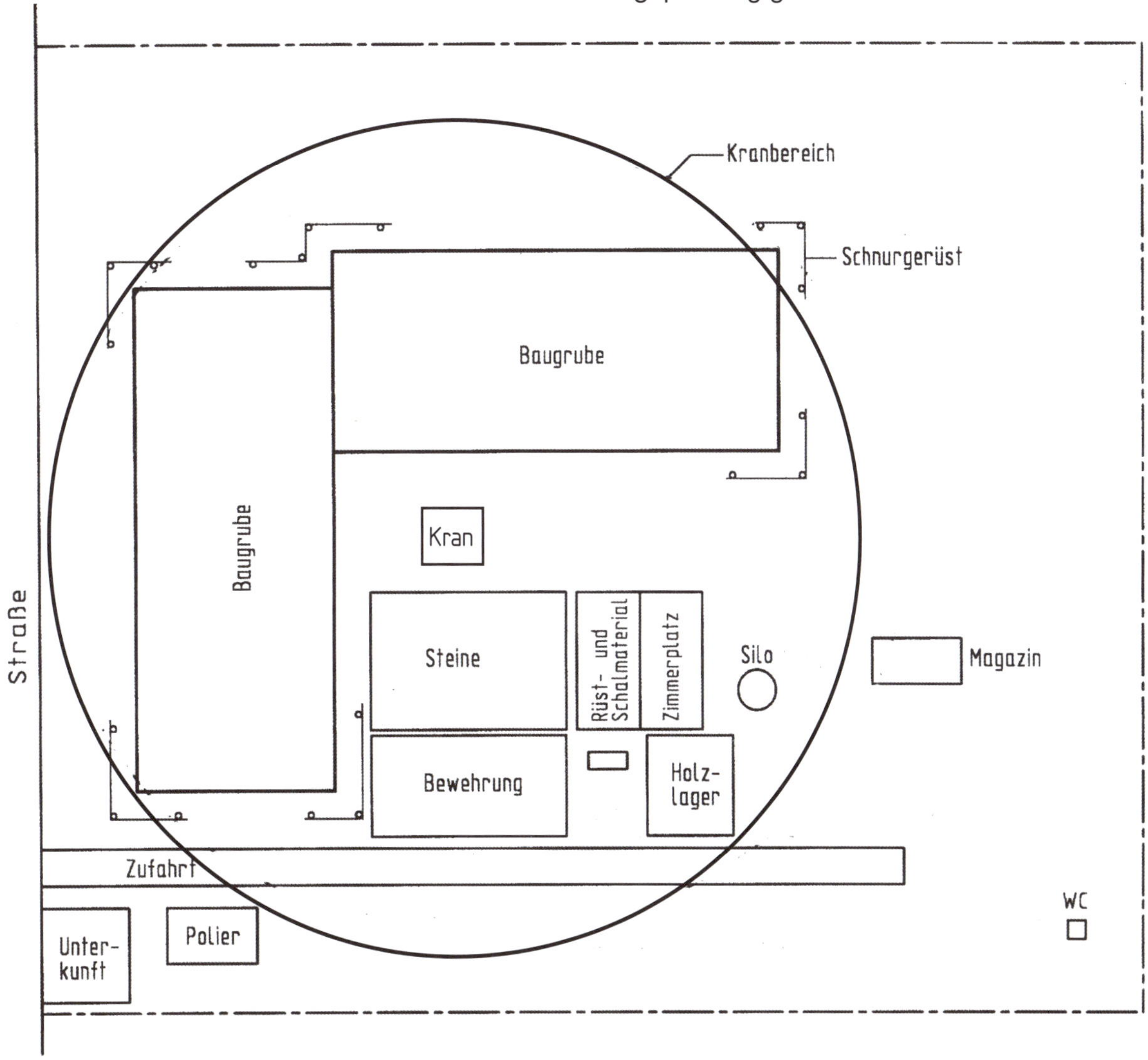

Baustraße: keine Wendemöglichkeit, keine Ausweichmöglichkeit
WC: weit entfernt von der Baustelle
Lagerplatz für Steine: keine Zufahrt
Magazin: keine Zufahrt, keine Kontrolle möglich, weit abseits

Name: ______ Klasse: ______ Datum: ______

1 Einrichten der Baustelle

1. Welche Messreferenz muss jeweils zur Messung am Laser-Entfernungsmesser eingestellt werden?

Messreferenz: Folgende Messreferenzen stehen zur Auswahl:

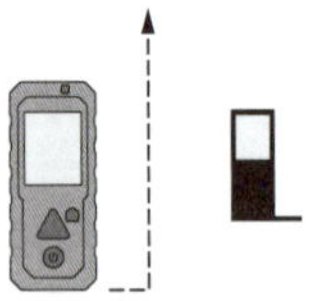

Ausgangspunkt: Rückseite
Die Länge des Geräts ist im Messwert enthalten.

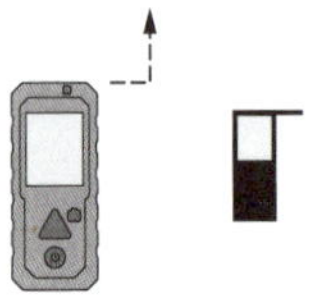

Ausgangspunkt: Vorderseite

Messung:

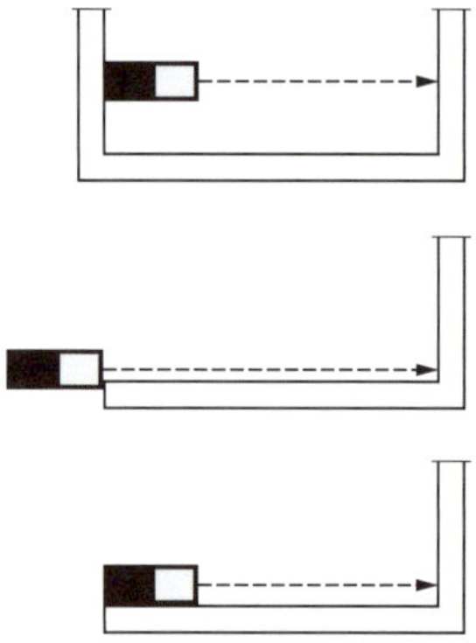

Einstellung:

Rückseite

Vorderseite

Rückseite

2. Skizze einer Längenmessung – hier für die Strecke *s* – mithilfe von Messstangen:

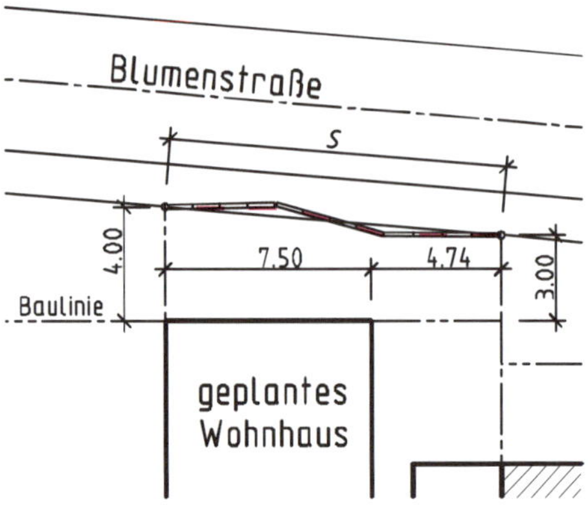

a) Wurden die Messstangen richtig angelegt?
Nein, die Messstangen müssen in einer Geraden angelegt werden.

b) Wird das abgelesene Ergebnis zu groß oder zu klein?
Es wird zu groß.

c) Welcher Arbeitsschritt wäre vor der Stangenmessung durchzuführen?
Einfluchten von Zwischenpunkten auf der Grenze.

d) Berechnen Sie die Strecke zwischen den Grenzpunkten an der Blumenstraße.

$l^2 = (7{,}50\ m + 4{,}74\ m)^2 + (4{,}00 - 3{,}00\ m)^2$

$l^2 = 150{,}82\ m^2$

$l = \sqrt{150{,}82\ m^2} = 12{,}28\ m$

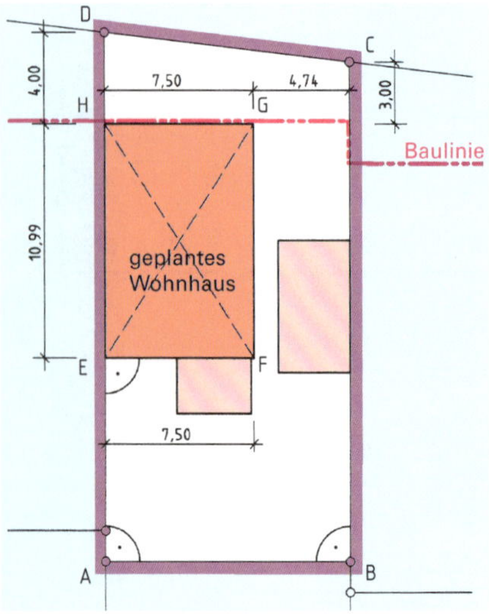

3. Nachdem der Vermesser alle Grenzpunkte und Gebäudeecken mit Pflöcken vermarkt hatte, wird bei der Materiallieferung der Pflock H umgefahren.
Beschreiben Sie schrittweise das Vorgehen zur Wiederherstellung des Punktes H mithilfe des Doppelpentagonprismas.
Mögliche Lösung:

1. Aufstecken der Grenzpunkte D und A.
2. Aufstecken des Gebäudeeckpunktes G.
3. Herstellen des Lotfußpunktes H durch Anzielen von D und A mit dem Prisma und G im Durchblick.

Name: ______ Klasse: ______ Datum: ______

1 Einrichten der Baustelle

Ohne Handschuhe, verletzt – kein Geld

● An einer leeren Tonne zerschnitt sich ein Arbeiter die Hände – er hatte die Schutzhandschuhe nicht übergestreift. Das Arbeitsgericht entschied: **„Keine Lohnfortzahlung, da er die vorgeschriebene und zur Verfügung gestellte Schutzkleidung nicht trug."**
Az.: 4 Ca 1123/80

1. Zu den allgemeinen Gesundheitsgefahren und Unfallquellen kommen durch den Beruf besondere Gefahren. Nennen Sie Ursachen für Unfälle.

Fahrlässigkeit
Gleichgültigkeit
Rücksichtslosigkeit
Unkenntnis der Unfallverhütungsvorschriften
Materialfehler

Versicherungen sind nicht dafür da, Gleichgültigkeit zu unterstützen. Die Versicherungsunternehmen müssen nicht bezahlen, wenn *ein schuldhaftes Verhalten vorliegt.*

2. Geben Sie die Bedeutung der Sicherheitsfarben an.

rot	*Halt, Verbot*
gelb	*Vorsicht! Mögliche Gefahr*
grün	*Gefahrlosigkeit, Erst Hilfe*
blau	*Gebotszeichen, Hinweise*

3. Neben den Sicherheitsfarben spielt auch die Form der Sicherheitszeichen eine Rolle. Für welche Zeichen werden die folgenden geometrischen Formen verwendet?

○	*Gebots- und Verbotszeichen*
△	*Warnzeichen*
□ ▭	*Rettungs-, Hinweis- und Zussatzzeichen*

4. Die folgende Abbildung lädt erst einmal zum Schmunzeln ein, ist aber eine Situation, wie sie leider vorkommen kann – mit unter Umständen schwersten Folgen für die Beteiligten.
   a) Wer macht den größten Fehler und löst eine Kettenreaktion aus?
   b) Wer profitiert von der Situation?
   c) Welche Fehler wurden noch gemacht?

a) *Arbeiter mit Bohle*
b) *Die Maus!*
c) *– keine Absturzsicherungen*
– nicht alle tragen einen Schutzhelm

Name: ____________ Klasse: ____________ Datum: ____________

5. Was haben diese Bauarbeiter jeweils falsch gemacht, dass ihnen diese Missgeschicke, die böse Unfallfolgen haben können, passieren?

Leiter zu steil angelegt

Leiter zu flach angelegt

Leiter nicht versetzt

6. Leider lässt es sich nicht ganz vermeiden, dass Unfälle passieren. Es muss nicht immer Achtlosigkeit sein, oft führt auch menschliches Versagen dazu. Stellen Sie Grundsätze für das Verhalten bei Unfällen auf.

Schreck überwinden und Ruhe bewahren
Erst denken, dann handeln!
Zusätzliche Schäden verhindern
Unfallstelle absichern
Hilfe herbeiholen – Notruf
Verletztem grundsätzlich nichts zu essen und zu trinken geben
Verletzten möglichst nicht allein lassen

7. Was ist bei Unfällen mit elektrischem Strom (Netzspannung) zu tun?

Strom unterbrechen
Verletzten in Ruhelage bringen
Atmung und Puls kontrollieren
Bei Atemstillstand künstliche Beatmung
Bei Bewusstlosigkeit und vorhandener Atmung Seitenlagerung
Brandwunden keimfrei bedecken

8. Auf der Baustelle werden immer mehr Maschinen eingesetzt. Das erhöht natürlich auch die Gefahr, dass mal ein Körperteil abgetrennt wird. Dank der heutigen Medizin können Ärzte die abgetrennten Körperteile meist wieder annähen. Voraussetzung hierfür ist allerdings ein umsichtiges Verhalten im Unglücksfall. Wie können Sie mithelfen, dass die Operation erfolgreich wird?

Abgetrennte Körperteile nicht abwaschen, sondern keimfrei umhüllen, in Plastikbeuteln zum Krankenhaus mitgeben und wenn möglich kühl halten

Name: Klasse: Datum:

1. Benennen Sie die nachfolgenden, durch ein Symbol oder ein Kurzzeichen dargestellten Böden.

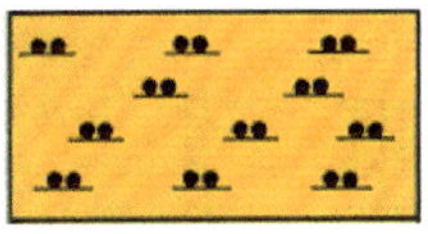	Gr	Sa	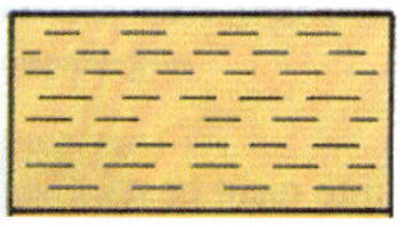	Co
Schluff	Kies	Sand	Ton	Steine

2. Böden treten in den meisten Fällen in Mischform (Gemenge) auf. Aus welchen einzelnen Böden bestehen

Kiessand: Hauptbestandteil Kies, geringere Mengen Sand

Lehm: Ton, Schluff, Sand

3. Eine Bodenprobe aus den oberen Bodenschichten des Reihenhausgrundstücks fühlt sich mehlig an und lässt sich trocken leicht von den Fingern entfernen.

Um welchen Boden handelt es sich? Schluff

Welcher Bodengruppe ist dieser Boden zuzuordnen? Bindiger Boden

4. Unterhalb der Fundamente des geplanten Reihenhauses wird in geringer Tiefe bindiger Boden mit hohem Wassergehalt angetroffen. Welche Maßnahmen schlagen Sie vor? Begründen Sie Ihren Vorschlag.

Austausch durch nichtbindiges Material, um die Tragfähigkeit und das Setzungsverhalten des Bodens zu verbessern und damit das spätere Bauwerk vor Schäden zu schützen.

5. Im Leistungsverzeichnis taucht der Begriff Homogenbereich auf.

a) Erklären Sie diesen Begriff.

Die Boden- und Felsarten werden nach dem zum Lösen erforderlichen Arbeitsaufwand in Homogenbereiche eingeteilt.

b) Erläutern Sie, weshalb die Angabe des Homogenbereichs für den Bauunternehmer von großer Bedeutung ist.

Der Bauunternehmer muss für den Erdaushub einen Preis kalkulieren, der je nach Lösbarkeit des Bodens unterschiedlich hoch ist. Dieser Preis hängt vom Personaleinsatz und den notwendigen Baumaschinen ab.

6. Wie ist mit dem Oberboden zu verfahren?

Der Oberboden ist die oberste Bodenschicht, die Kleinstlebewesen enthält. Diese Schicht wird auf der Baustelle gelagert und später zur Rekultivierung verwendet.

Name:	Klasse:	Datum:

1. a) Welche Fehler wurden beim Verfüllen des dargestellten Arbeitsraumes gemacht?

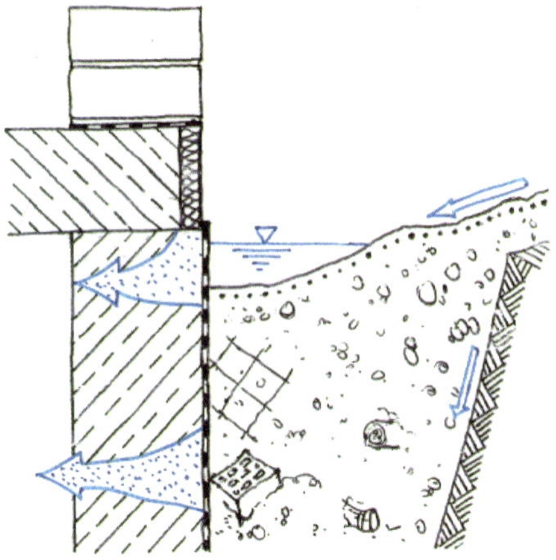
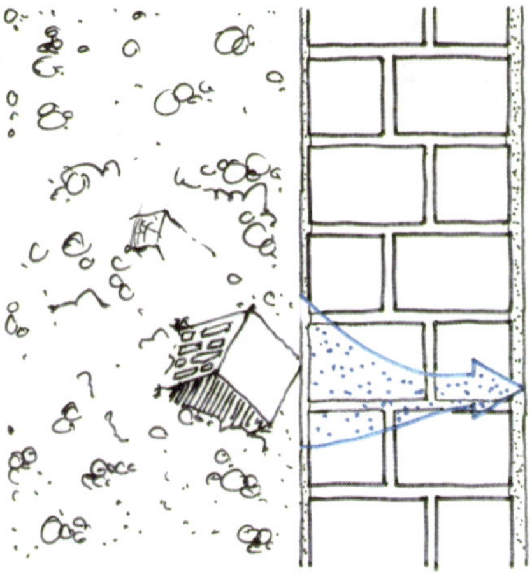

Abfallendes Gelände zum Bau hin. Es wurde Bauschutt verfüllt.

b) Welche Folgen kann diese Art der Schuttentsorgung für das Gebäude haben?

Die Abdichtung wird zerstört.
Im oberen Bereich sammelt sich Wasser, das in das Mauerwerk eindringen kann.

2. Werten Sie das Nivellement aus. Gesucht ist die Höhe des Pflocks.

Lattenablesung		Höhe		Bemerkung
rückwärts	vorwärts	der Visur	des Punktes	
			235,786	HB
1,487		*237,273*		
	1,782		*235,491*	
1,693		*237,184*		
	2,109		*235,075*	
2,130		*237,205*		
	2,367		*234,838*	Pflock

3. Welche Höhe H_2 hat die höhere Fläche auf der rechten Seite des Rotationslasers?

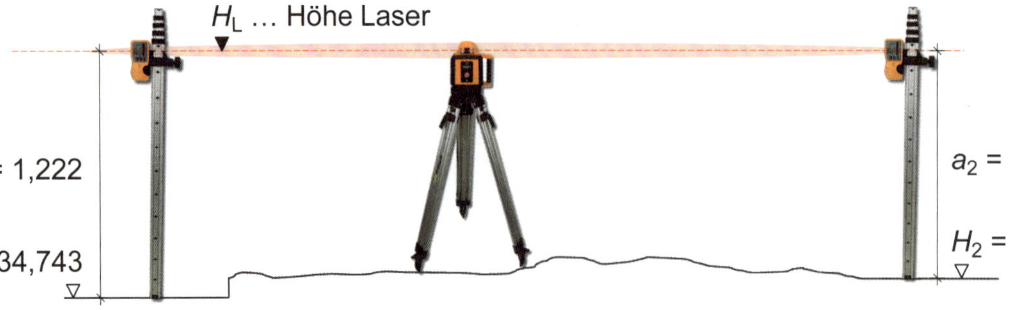

Berechnung:

Höhe der Laserstrahls: $H_L = H_1 + a_1 = 234{,}743 + 1{,}222 = 235{,}965$

Höhe H_2: $H_2 = H_L - a_2 = 235{,}965 - 1{,}127 = 234{,}838$

Name: ____________ Klasse: ____________ Datum: ____________

2 Erschließen und Gründen des Bauwerks

Die Bauherren unseres Reihenhauses überlegen, ob sie auf der Rückseite der Garage das Dach weit überstehen lassen sollen, um Holz für einen offenen Kamin darunter zu lagern oder als Unterstand für die Gartenmöbel an Schlechtwettertagen. Die zusätzlichen Lasten aus dieser Dachverlängerung sollen über zwei Holzstützen in den Baugrund abgeleitet werden. Für die Berechnung des Fundamentes unter der Holzstütze gehen Sie von einem tragfähigen und standfesten Boden mit einem aufnehmbaren Sohldruck von σ = 300 kN/m² aus.

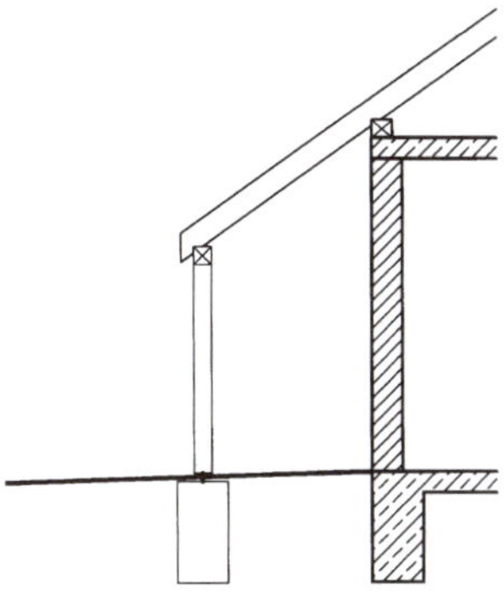

1. Wählen Sie für die Gründung dieser Baumaßnahme eine geeignete Fundamentart.

   Einzelfundament

2. Ermitteln Sie die Mindestabmessungen für das Fundament. Stützenfußquerschnitt 14/14 cm, mittige Kraftableitung in das Fundament mit F = 15 kN.

   $\sigma = F/A \rightarrow A = F/\sigma$

   A_{erf} = 15 kN / 300 kN/m² = 0,05 m²

   gewählt: quadratischer Querschnitt

   $A = l^2$ $\quad l = \sqrt{A_{erf}} = \sqrt{0{,}05\ m^2} = 0{,}22$ m

   gewählt l/b = 25/25 cm

   Fundamenttiefe h:

   d = 2a

   a = (25 cm – 14 cm) : 2 = 5,5 cm

   d = 2 a = 2 · 5,5 cm = 11 cm → Minimum

   11 cm → muss mindestens 30 cm sein, reicht aber für die Frostsicherheit nicht aus, daher gewählt d = 80 cm

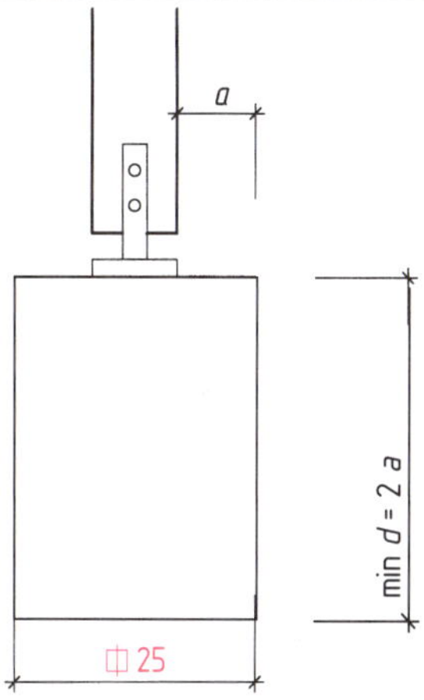

Skizze Stützenfuß/Fundament

3. Überprüfen Sie den vorhandenen Sohldruck nach Ermittlung der Fundamentabmessungen. Rohdichte ϱ siehe Tabellenanhang Fachbuch bzw. Tabellenbuch.

   σ_{vorh} = F/A = (15 kN + 0,25 m · 0,25 m · 0,80 m · 25 kN/m³) : (0,25 m)²

   σ_{vorh} = (15 kN + 1,25 kN) : 0,06 m²

   σ_{vorh} = 270,83 kN/m² < σ_{zul} = 300 kN/m² → ok

4. Beschreiben Sie stichwortartig die Herstellung des Fundamentes.

   – Standfester Boden → keine Schalung notwendig, Betonieren gegen Grabenwände

   – Maschineller Aushub, Handaushub, auf waagerechte und ebene Fundamentsohle achten

   – 5 cm Sauberkeitsschicht aus C8/10 einbringen

   – ggf. Bewehrung einlegen

   – Betonieren: C16/20 einbringen → gut verdichten, auf ebene Oberfläche achten

Name:	Klasse:	Datum:

1. Berechnen Sie die fehlenden Werte für die Höhe der Kanalsohle und das Gefälle, und tragen Sie diese in die Tabelle ein.

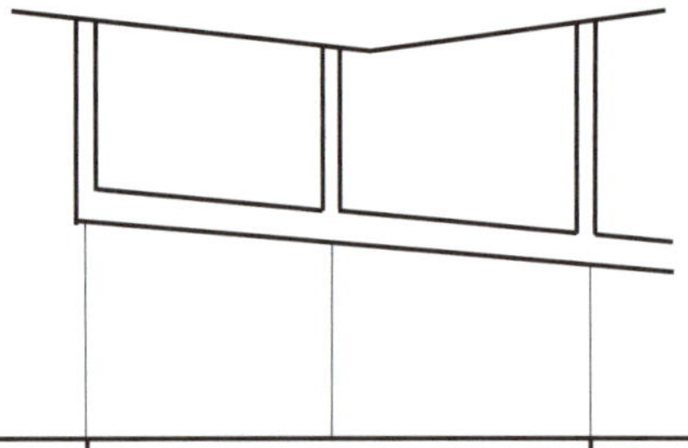

Straße			Blumenstraße		
Schacht-Nr.	16		16a		17
Abstand		42 m		39 m	
Gefälle		1,5 %		*1,3 %*	
KD	202,80		201,74		202,05
KS	199,92		*199,29*		198,78

Berechnung:

42 m · 0,015 = 0,63 m
199,92 m – 0,63 m = 199,29 m

x : 100 = 0,51 : 39,00
39,00 x = 0,51 · 100
x = 0,51 · 100 / 39,00
x = 1,3

oder:
p = h · 100 / l
p = 0,51 · 100 / 39,00
p = 1,3

2. Die Grundleitungen wurden verlegt und Sie sollen die Bodenplatte betonieren.
   a) Warum dürfen Sie noch nicht mit der Arbeit beginnen?
   b) Welche Fehler wurden bei den Grundleitungen gemacht?

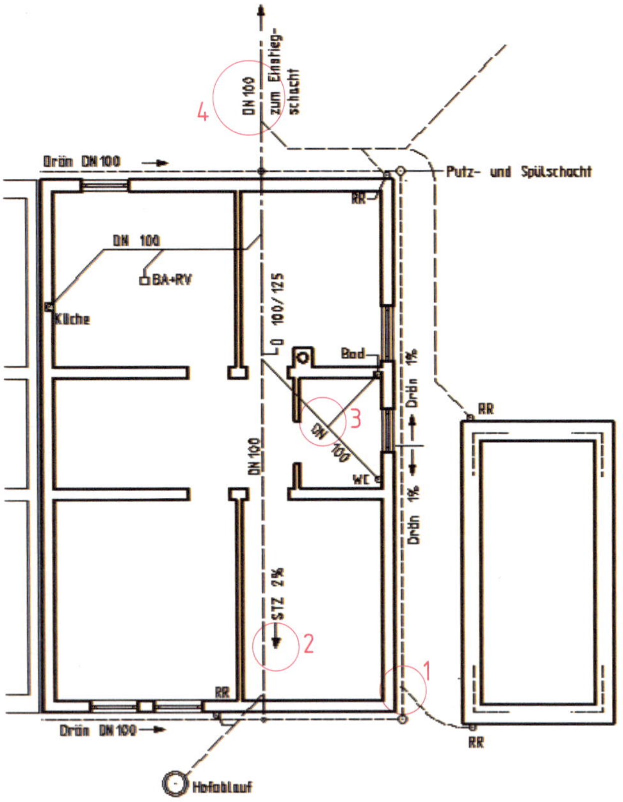

Einfarbige Darstellung der Leitungsarten:

———————	*Schmutzwasser*
- - - - - - - -	*Regenwasser*
—·—·—·—	*Mischwasser*

a) *Mit dem Betonieren darf erst begonnen werden, wenn die Fehler bei der Verlegung der Grundleitung beseitigt sind:*

b) *1. Regenrohr in Dränung geführt*
2. Gefälle nicht in Richtung Kanal
3. Anschluss gegenläufig zu Gefälle
4. Durchmesserverringerung statt -erweiterung

Name: ______________ Klasse: ______________ Datum: ______________

1. Verkehrsflächen aus Pflaster- oder Plattenbelägen.
   a) Welcher Bereich wird als Untergrund bezeichnet?
   Der natürliche Boden.
   b) Was ist ein Planum?
   Das Planum ist die bearbeitete Oberfläche des Untergrundes bzw. Unterbaus.
   c) Woraus besteht der Oberbau?
   Aus Tragschicht und Belag.

2. Welche Eigenschaften muss ein Betonpflaster haben?
   – Frostbeständigkeit *– Abriebfestigkeit*
   – Rutschfestigkeit *– Maßhaltigkeit*
   – Beständigkeit gegen chemische Angriffe (z. B. Taumittel)

3. In der Blumenstraße müssen neue Hochbordsteine versetzt werden. Berechnen Sie den Betonbedarf der Bettung für eine Länge von 12,00 m in m³.
   Hinweis: Berechnen Sie die Querschnittsfläche auf 3 Dezimalstellen, damit die Ungenauigkeit durch Runden nicht zu groß wird.

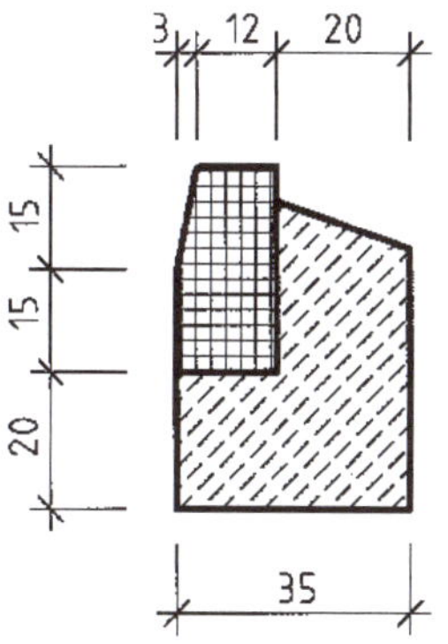

Lösung mit Skizze der Flächenaufteilung

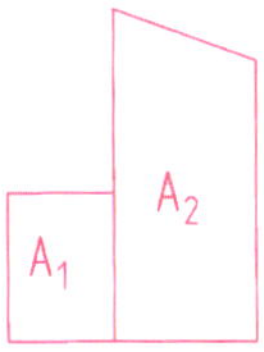

$A_1 = l \cdot b$ $= 0{,}15 \cdot 0{,}20$ $= 0{,}030\ m^2$
$A_2 = (l_1 + l_2) : 2 \cdot h$ $= (0{,}38 + 0{,}45)\ 2 \cdot 0{,}20 = 0{,}083\ m^2$
$A = 0{,}113\ m^2$

$V = A \cdot h = 0{,}113\ m^2 \cdot 12{,}00\ m = \underline{\underline{1{,}356\ m^3}}$

4. Berechnen Sie den Betonbedarf für die Bettung der Hochbordsteine auf eine Länge von 12,00 m.
   Hinweis: Berechnen Sie die Querschnittsfläche auf 3 Dezimalstellen, damit die Ungenauigkeit durch Runden nicht zu groß wird.

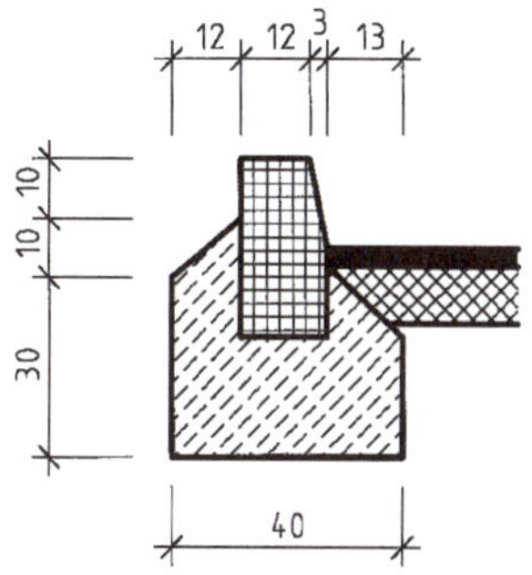

Lösung mit Skizze der Flächenaufteilung:

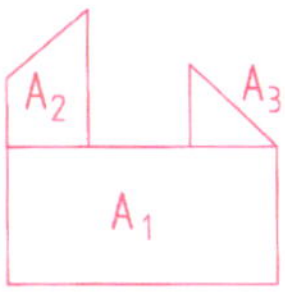

$A_1 = l \cdot b$ $= 0{,}40 \cdot 0{,}20$ $= 0{,}080\ m^2$
$A_2 = (l_1 + l_2) : 2 \cdot h$ $= (0{,}10 + 0{,}20)\ 2 \cdot 0{,}12 = 0{,}018\ m^2$
$A_3 = l \cdot b \cdot 0{,}5$ $= 0{,}13 \cdot 0{,}10 \cdot 0{,}5$ $= 0{,}007\ m^2$
$A = 0{,}105\ m^2$

$V = A \cdot h = 0{,}105\ m^2 \cdot 12{,}00\ m = \underline{\underline{1{,}260\ m^3}}$

Name: Klasse: Datum:

5. Eine Terrasse ist zu pflastern. Leider ist die Reihenfolge der Abbildungen durcheinander geraten. Nummerieren Sie die Arbeitsschritte in der richtigen Reihenfolge.

Arbeitsschritt *4*
- Nach dem Abziehen das Pflasterbett nicht mehr betreten.
- Pflastersteine „über Kopf" einbauen (von der bestehenden Pflasterfläche aus).
- Mit einer Fuge von 3 ... 5 mm einbauen.
- Mit dem Verlegen die Fläche kontinuierlich verfugen.
- Nicht verfugte Fläche nicht begehen oder befahren.

Arbeitsschritt *3*
- Bettungs- und Ausgleichsschicht aus Brechsand-Splittgemisch, Korngröße 0/5 mm (Sickerpflaster 1/3 mm) einbringen und mittels Rohren oder Latten glatt abziehen.
- Bettungsschicht wird erst mit dem verlegten Pflaster zusammen abgerüttelt.

Arbeitsschritt *5*
- Für eine homogene Farbverteilung Steine aus mehreren Paketen und unterschiedlichen Lagen entnehmen. Dies gilt besonders bei farblich abgestimmten Pflastern.

Arbeitsschritt *2*
- Trag- und Frostschutzschicht aus frostsicherem, kornabgestuftem Material (z.B. Kies oder Schotter 0/32 oder 0/45) lagenweise einbringen und lagenweise verdichten.
- Planum und Tragschicht mit Mindestgefälle von 2 ... 2,5% anlegen.
- Randsteine vor Verlegung des Pflasters setzen.
- Abstand der Randsteine wenn möglich auf das Rastermaß (= Stein + Fuge) des Pflasters abstimmen, um Zuschnitt zu vermeiden.

Arbeitsschritt *6*
- Die Fugen mit trockenem, gewaschenem Brechsand 0/2 mm (Sickerpflaster) oder Splitt 1/3 vollständig schließen.

Arbeitsschritt *7*
- Die saubere, trockene und verfugte Fläche mit einem Rüttler mit Plattengleitvorrichtung abrütteln. Abschließend noch einmal nachverfugen.

Arbeitsschritt *1*
- Nicht geeignete oder nicht frostsichere Bodenschichten (z.B. Lehm, Mutterboden) eben abgraben, bis geeigneter Boden erreicht wird (Planum).
- Planum sollte mindestens 30 ... 35 cm unter der Pflasteroberkante liegen.
- Auf ein Gefälle von 2 ... 2,5% achten.
- Anstehendes Planum mit Rüttelplatte verdichten.

6. Geben Sie in Stichworten die Reihenfolge der Arbeitsschritte beim Verlegen von Betonformsteinen (breite Fuge) an.

Planum erstellen, Tragschicht erstellen und Randsteine setzen, Bettung erstellen, Pflaster legen, Steine „mischen", Verfugen, Abrütteln.

Name:	Klasse:	Datum:

3 Mauern eines einschaligen Baukörpers

1. Familie Müller möchte gerne ein Haus bauen. Da sie noch gar keine Vorstellungen von ihrem neuen Heim hat, sollen Sie der Familie verschiedene Möglichkeiten mit den dazugehörigen Varianten, Vor- (+) und Nachteilen (-) aufzeigen. Ein Grundstück ist noch nicht vorhanden.

frei stehendes Haus

– mehr Außenfläche, dadurch teurer: Wärmedämmung, Putz usw.
+ hellere Räume möglich, da mehr Fenster geplant werden können
+ in der Planung variabler
– größeres Grundstück notwendig

Reihenhaus

– weniger Außenfläche, dadurch preiswerter
+ weniger Wärmeverluste
+ kleineres Grundstück erforderlich
– man bekommt viel von „Nachbars Leben" mit

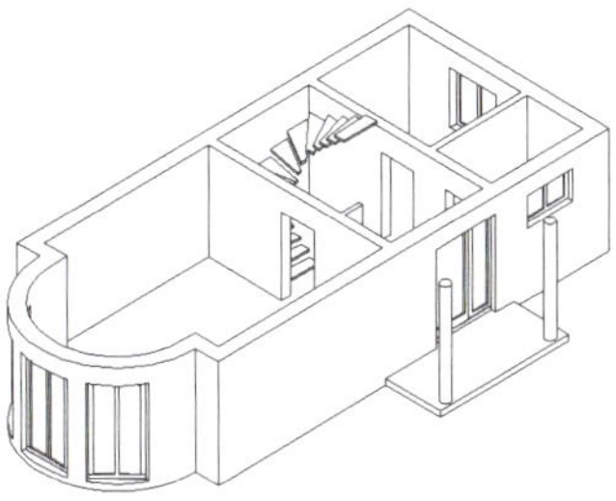

Massivbauweise

– längere Bauzeit
+ höherer Schallschutz
+ höherer Brandschutz
– spätere Umbauten sind mit viel Schmutz verbunden

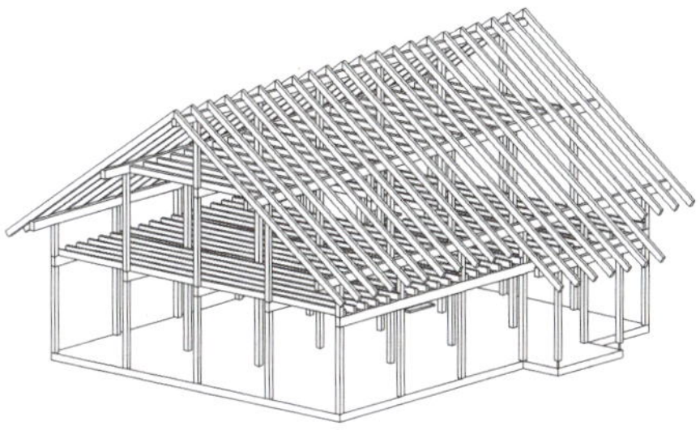

Holzbauweise

+ kürzere Bauzeit
+ spätere Umbauten sind mit weniger Schmutz verbunden
+ auch hohe Wärmedämmung möglich

2. Welche Fachgebiete der Bautechnik müssen bei der Planung des Gebäudes berücksichtigt werden?

Statik	Feuchtigkeitsschutz
Schallschutz	Brandschutz
Wärmeschutz	Ökologie

Name: ______ Klasse: ______ Datum: ______

3 Mauern eines einschaligen Baukörpers

Wandarten
künstl. Mauersteine

1. Wände können nach unterschiedlichen Kriterien unterteilt werden. Ordnen Sie die verschiedenen Wandarten zu:

Wände

nach der Statik
- *tragende Wände*
- *aussteifende Wände*
- *nicht tragende Wände*

nach der Lage im Haus
- *Außenwände*
- *Innenwände*

nach besonderen Aufgaben
- *Wohnungstrennwände*
- *Treppenhauswände*
- *Brandwände*

2. Welche Wände müssen als Brandwände ausgebildet werden?

Treppenhauswände, Reihenhaustrennwände, Aufzugswände

3. Welche Aufgaben müssen gemauerte Außenwände übernehmen?

Lasten aufnehmen und ableiten (als tragende Außenwand)
Wetter- und Schlagregenschutz bieten
Wärme und Schall dämmen
Brandausbreitung verhindern

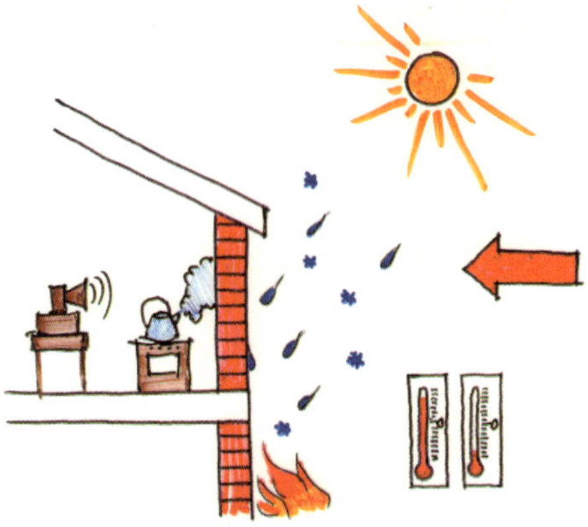

4. Welche Eigenschaften müssen gemauerte Außenwände aufweisen? Informieren Sie sich im Fachbuch **Lernfeld Bautechnik / Grundstufe** (auch bei den ergänzenden Informationen).

Tragfähigkeit, Frostbeständigkeit, Winddichtheit
Wärmedämmfähigkeit, Speicherfähigkeit

5. Stellen Sie auf einem separaten Blatt (A4-Querformat) eine Übersicht über künstliche Mauersteine nach folgendem Schema auf:

Gebrannte Steine

	Arten (Kurzbez.)	Herstellung	Eigenschaften (in Stichworten)	Verwendung

Ungebrannte Steine

Name: ______ Klasse: ______ Datum: ______

1. Für die nachfolgenden Sätze ist jeweils ein Lösungswort zu suchen. Die Buchstaben in dem dick umrandeten Feld ergeben einen Begriff, dessen Bedeutung zu erklären ist.

   1. Wird zum Anmachen des Mörtels benötigt.
   2. Ausgangsstoff beim Kreislauf des Luftkalkes.
   3. Wird zur Verbindung besonders wärmedämmender Steine gewählt.
   4. Ohne dieses Mittel ist kein Zusammenhalt möglich.
   5. Nichthydraulisches Bindemittel der MG I.
   6. Tritt beim Anmachen trockener Mörtelbestandteile mit Wasser auf.
   7. Gesteinskörnung für Mörtel.
   8. Bei Mörtelspritzarbeiten unbedingt zu tragen.
   9. Ist bei feuchtem Sand größer als bei trockenem Sand.

1									W	A	S	S	E	R								
2					K	A	L	K	S	T	E	I	N									
3			L	E	I	C	H	T	M	A	U	E	R	M	Ö	R	T	E	L			
4												B	I	N	D	E	M	I	T	T	E	L
5										D	O	L	O	M	I	T	K	A	L	K		
6	V	O	L	U	M	E	N	V	E	R	M	I	N	D	E	R	U	N	G			
7										S	A	N	D									
8				S	C	H	U	T	Z	B	R	I	L	L	E							
9			H	O	H	L	R	A	U	M	G	E	H	A	L	T						

Lösungswort: *Sieblinie*

Bedeutung: *Die durch Sieben ermittelte Zusammensetzung der Gesteinskörnung wird als Sieblinie dargestellt*

2. Die Wände unserer Garage (siehe auch LF Bautechnik Grundstufe Seite 4 und 6) sollen mit Mauerziegeln HLz – 2DF gemauert werden. Der Mörtel soll auf der Baustelle hergestellt werden, deshalb müssen die Einzelmengen der Mörtelbestandteile ermittelt werden. Die Bindemittel werden in Säcken auf die Baustelle geliefert.

   a) Wählen Sie eine geeignete Mörtelklasse/Mörtelgruppe für den Mauermörtel und nennen Sie die einzelnen Mörtelbestandteile.

   M 2,5/MG II, da tragende Außenwände

   Kalk, Zement, Sand MV 2:1:8

   b) Berechnen Sie den Mörtelbedarf für alle Wandflächen (mit Skizzen). Höhe des Giebeldreiecks: 2,19 m. Fenster nicht abziehen, da < 2,50 m². Trockener Sand.

   Die einzelnen Schritte für die Berechnung (auf Seite 24 ausführen):

   – Wandflächen berechnen
   – Mörtelbedarf für m² Mauerwerk aus Tabellenbuch bzw. Anhang Fachbuch
   – Mörtelmenge berechnen
   – Volumen der benötigten Mörtelbestandteile → siehe a)
   – Ermittlung der zu liefernden BM-Säcke
   – Ermittlung der zu bestellenden Menge des Korngemisches

Name:	Klasse:	Datum:

Lösung zu Seite 23:

Skizzen

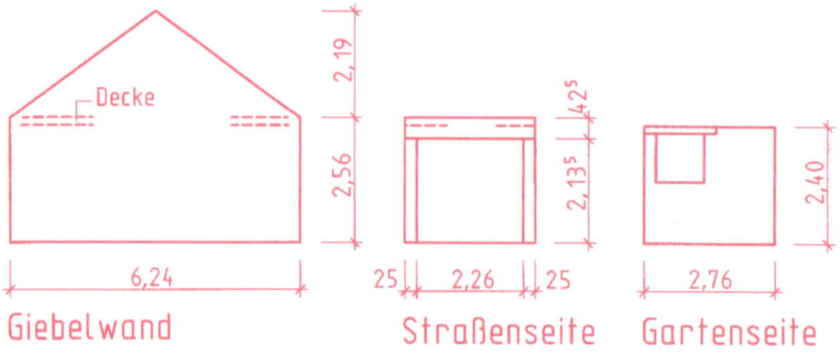

Berechnung der Wandflächen:

Giebelseiten: $6{,}24\ m \cdot 2{,}40\ m = 14{,}98\ m^2$

$\frac{6{,}24\ m \cdot 2{,}19\ m}{2} = 6{,}83\ m^2$

$= 21{,}81\ m^2 \cdot 2 = 43{,}62\ m^2$

Straßenseite: $0{,}25\ m \cdot 2 \cdot 2{,}135\ m = 1{,}07\ m^2$

Gartenseite: $2{,}76\ m \cdot 2{,}40\ m = 6{,}62\ m^2$

gesamt: $= 51{,}31\ m^2$

Berechnung des Mörtelbedarfs:

Mörtelmenge — Lernfeld Bautechnik Grundstufe Tabellenanhang S. 345

Wanddicke 24 cm, 2DF → 55 l Mörtel / m² Mauerwerk

$V_M = 51{,}31\ m^2 \cdot 55\ l/m^2 = 2822{,}1\ l$ Mörtel

Bestandteile — trockener Sand → Mörtelfaktor 1,4

$V_{ges} = 2822{,}1\ l \cdot 1{,}4 = 3950{,}9\ l$ Mörtel

MV 2:1:8 → 11 Raumteile

Kalkbedarf	(3950,9 l : 11) · 2 =	718,4 l
Zementbedarf	(3950,9 l : 11) · 1 =	359,2 l
Sandbedarf	(3950,9 l : 11) · 8 =	2873,6 l

Massenbedarf $\varrho = m / V \rightarrow m = \varrho \cdot V$

Kalk	m = 0,5 kg/l · 718,4 l =	359,2 kg (Kalkhydrat)
Zement	m = 1,2 kg/l · 359,2 l =	431,0 kg
Sand	m = 1,8 kg/l · 2873,6 l =	5172,5 kg

zu bestellen:

Kalk:	359,2 kg : 20 kg/Sack = 17,96 → 18 Säcke
Zement	431,0 kg : 25 kg/Sack = 17,24 → 18 Säcke
Sand	5172,5 kg → 5,17 t

Name: Klasse: Datum:

1. Markieren Sie in dem Grundrissausschnitt die Außen-/Pfeilermaße in Gelb, die Innen-/Öffnungsmaße in Rot und die Anbau-/Vorlagenmaße in Blau (Farben weichen im Löser druckbedingt ab).

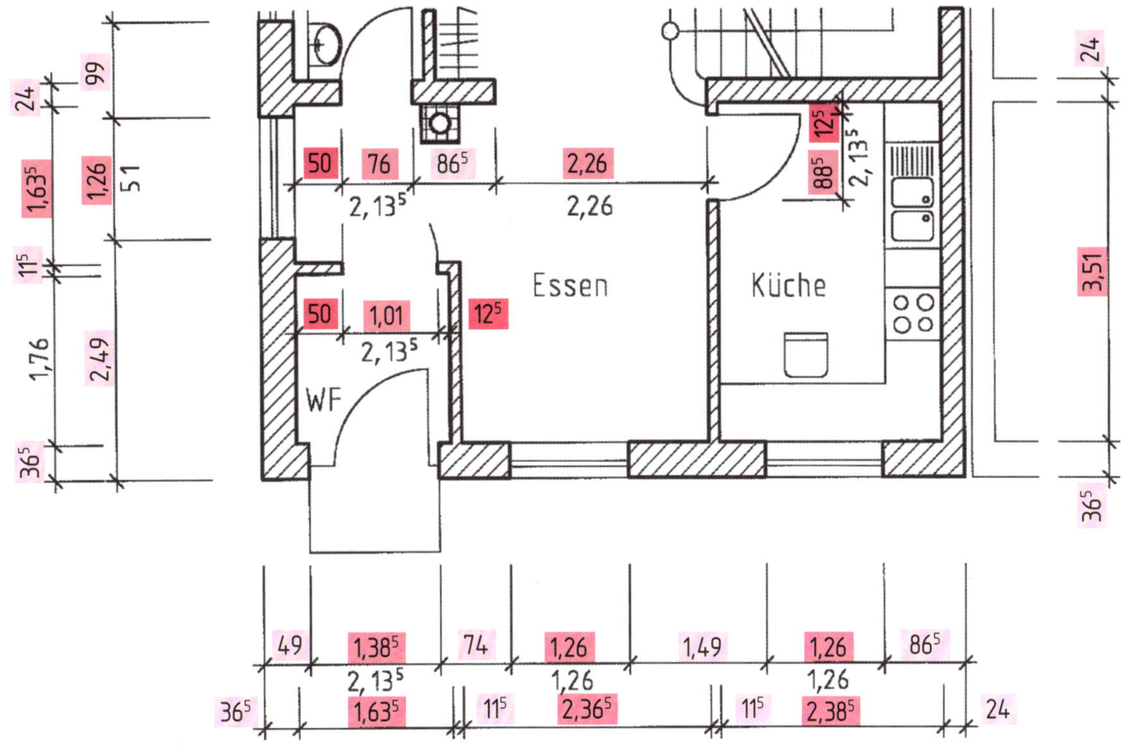

2. Tragen Sie in den Grundrissausschnitt die entsprechenden Baurichtmaße als *am*-Angaben auf die Maßlinien ein.

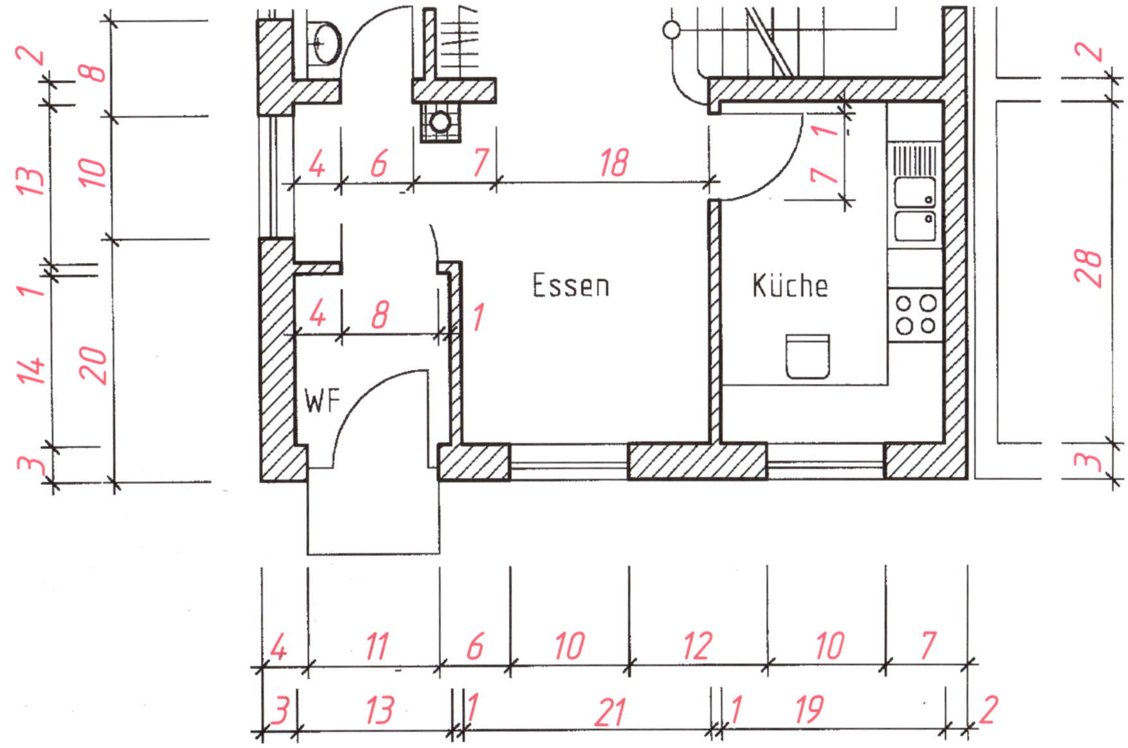

Name: ________ Klasse: ________ Datum: ________

3 Mauern eines einschaligen Baukörpers

1. Mauern bestehen nicht nur aus reinen Mauerstücken, sondern sie enthalten Öffnungen wie Fenster und Türen. Außerdem sind an vielen Stellen Schlitze für diverse Installationen notwendig.
Sie wissen inzwischen, wie man eine Wand gut und schnell hochziehen kann. Wie kann jedoch die Arbeit bei Wandöffnungen und Schlitzen erleichtert werden? Sicher haben Sie schon selbst mit solchen *Hilfsmitteln* in Form von Sonderbauteilen gearbeitet.

a) Von wem können Sie hierzu Informationen bekommen? Besorgen Sie sich Unterlagen.

– vom Arbeitgeber
– im Baumarkt
– von Firmen, die Mauersteine herstellen, auch über Internet

b) Welche Bauteile gibt es, um die Arbeit bei Wandöffnungen und Schlitzen zu erleichtern und damit zu beschleunigen?
Machen Sie Skizzen von den Bauteilen.

Fertigstürze   U-Schalen   Installationssteine

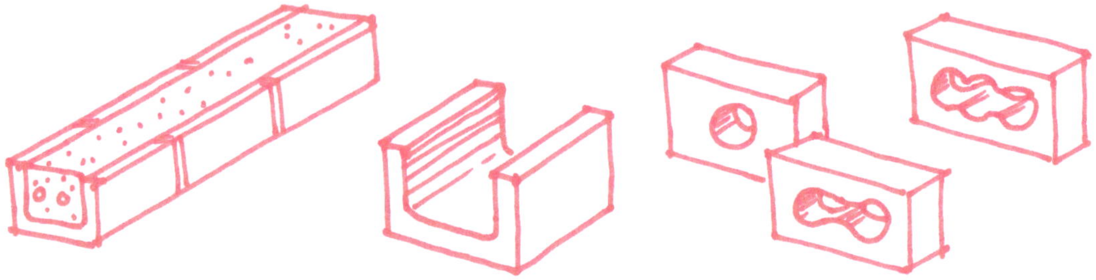

2. Welche Sonderbauteile für Mauerwerk kennen Sie noch?
Rundsteine, Winkelsteine, Randschalungssteine
Formsteine für Fensterbänke und Fassadengestaltung und andere

3. Welchen Vorteil außer weniger Arbeitsaufwand bieten diese Sonderbauteile noch?
Gleicher Baustoff wie die übrige Wand, dadurch werden auch Schäden, wie z. B. Putzrisse, vermieden.

4. a) Bis zu welcher Höhe dürfen Sie beim Mauern ein Bockgerüst benutzen?
Bis zu maximal 4,00 m.

b) Warum braucht der Maurer in der Abbildung keinen Seitenschutz?
Die Belaghöhe ist unter 2,00 m.

c) Welche Gerüstböcke dürfen Sie nur verwenden?
– zimmermannsmäßig abgebundene Gerüstböcke
– stählerne Gerüstböcke

5. Ab welcher Steinmasse („Gewicht“) müssen Sie beim Mauern technische Hilfsmittel benutzen?
Ab 25 kg.

Name: ____________ Klasse: ____________ Datum: ____________

3 Mauern eines einschaligen Baukörpers

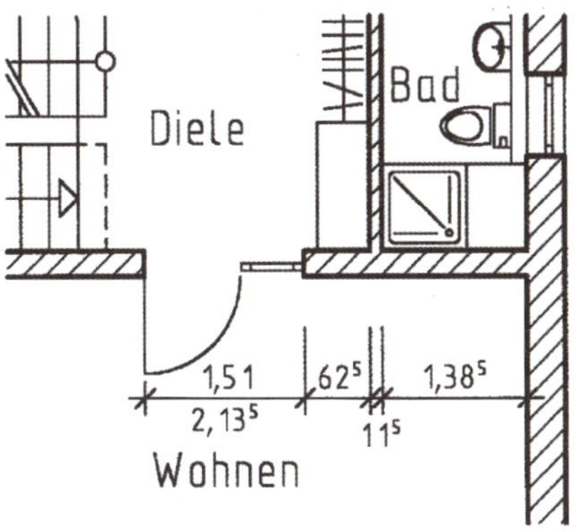

6. Die Öffnung für die Tür von der Diele in das Wohnzimmer soll angelegt werden. Begründen Sie, warum diese Bemaßung ungünstig ist.

   Der Abstand der Türöffnung wurde von der 11,5 cm dicken Wand aus angegeben, die eventuell erst später gemauert wird (wenn nicht tragend). Beim Anlegen der Türöffnung muss dann gerechnet werden → mögliche Fehlerquelle.

7. Stellen Sie danach eine Regel für die Bemaßung von Öffnungen in tragenden Wänden auf, die der Tatsache gerecht wird, dass nichttragende Wände erst später gemauert werden.

   Die Maße bei Öffnungen in tragenden Wänden dürfen sich nicht auf nicht tragende Wände beziehen, weil diese meist erst später gemauert werden. Abstand immer von einer tragenden Wand angeben.

8. Die Wand zwischen Diele und Wohnzimmer im EG des Reihenhauses ist zu mauern.

   a) Was muss vor der Ausführung festgelegt werden?

   – Steine: Art, Qualität (Druckfestigkeitsklasse) und Menge
   – Mauerverband
   – Mauermörtel: Art und Menge
   – wenn ein Fertigsturz vorgesehen ist, muss dieser bestellt werden

   b) Geben Sie die Arbeitsschritte an.

   Baustoffbedarf berechnen
   Arbeitsplatz einrichten, Werkzeuge und Mörtel vorhalten
   Erste Schicht auf dem Boden aufreißen und aufmauern
   Besonders auf die fachgerechte Ausführung des Sturzauflagers für die größere Türöffnung achten
   Bei einer Mauerhöhe von >1,25 m ein mitwachsendes Bockgerüst aufstellen
   Flachsturz einbauen, Rest der Wand mauern
   Nach der Arbeit Werkzeug und Arbeitsplatz säubern

   c) Worauf überprüfen Sie Ihre Arbeit?

   – auf lot- und waagerechte Lage
   – Fugenbild
   – Vollfugigkeit
   – Maßgenauigkeit

9. Sie wollen ein guter Handwerker werden und Ihre Firma soll möglichst viele Aufträge bekommen. Was ist die beste Reklame?

   – schnelle, exakte und saubere Arbeit
   – höfliches Auftreten

Name: ______ Klasse: ______ Datum: ______

3 Mauern eines einschaligen Baukörpers

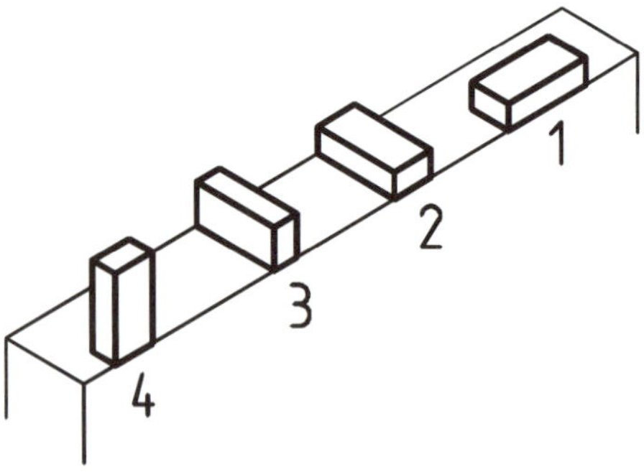

1. Geben Sie die Bezeichnungen an, die in Mauerverbänden für die unterschiedlichen Steinlagen etc. benutzt werden.

   1 Läufer
   2 Binder, Strecker
   3 Roller
   4 Steher

2. Besonders einfach kann mit großformatigen Porenbetonsteinen gemauert werden. So können Bauherren ihr Bauvorhaben sogar im Selbstbau durchführen.

   a) Geben Sie drei Vorteile von Porenbetonsteinen an. Beachten Sie dazu auch die nebenstehenden Fotos

   geringe Dichte, wärmedämmend, im Dünnbett leicht zu versetzen, leicht zu bearbeiten (z.B. sägen, bohren, fräsen), einfacher Wandanschluss mit Flachankern

   b) Wovor sollten Sie Porenbetonsteine auf der Baustelle schützen?

   vor Durchnässung

   c) Welche Informationen können Sie dem Etikett auf der Verpackung entnehmen?

   Format in mm
   Festigkeitsklasse
   Wärmeleitfähigkeit
   Herstellerwerk und Herstellungsdatum
   Stückzahl

Name: ________ Klasse: ________ Datum: ________

3 Mauern eines einschaligen Baukörpers

1. Die unten stehende Zeichnung zeigt das Teilstück einer Kelleraußenwand mit Fundament und Kellerfußboden im Querschnitt.
   a) Beschriften Sie die nummerierten Bauteile/Baustoffe.
   b) Benennen Sie mögliche Materialien für Außenwand, Fundament und Bodenplatte, und tragen Sie ein entsprechendes Ergebnis als Schraffur in die Skizze ein.

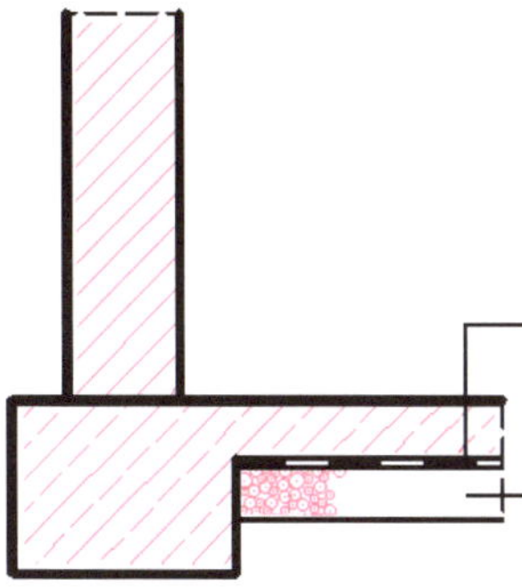

Außenwand:
Mauerwerk oder Stahlbeton

Streifenfundament:
(Stahl-)Beton

Bodenplatte:
(Stahl-)Beton

   c) Welche Funktion erfüllt die mit 1 gekennzeichnete Schicht?
   Die Trennschicht verhindert, dass der frisch eingebrachte Beton in die Luftporen der kapillarbrechenden Schicht eindringen kann.

   d) Erläutern Sie die möglichen Folgen, wenn für die mit 2 gekennzeichnete Schicht bindiges Material verwendet wird.
   Bindiges Material hat eine hohe Kapillarwirkung. Angrenzende Bodenfeuchtigkeit würde somit in diesem Boden nach oben steigen und könnte unter Umständen den Kellerfußboden durchfeuchten.

2. In welchen Bereichen müssen bei gemauerten Kelleraußenwänden waagerechte Abdichtungen eingebaut werden?
   Gemauerte Kelleraußenwände erhalten mindestens zwei waagerechte Abdichtungen. Die untere Abdichtung wird etwa 10 cm über dem Kellerfußboden, die obere etwa 30 cm über dem Gelände angeordnet. Bei den Innenwänden kann die obere Abdichtung entfallen. Die Kellerdecke muss mit ihrer Unterfläche mindestens 5 cm über der oberen waagerechten Abdichtung liegen. Liegt die Kellerdecke tiefer, so wird eine dritte waagerechte Abdichtung erforderlich.

3. Was geschieht mit dem in den Boden versickernden Oberflächenwasser entlang der Kelleraußenwände, wenn unterhalb des Fundamentes ein extrem bindiger Boden vorhanden ist?
   Bei wasserundurchlässigen Böden kann bei starken Regenfällen in den Boden eindringendes Wasser an der Gebäudeaußenwand einstauen. Damit dieser Einstau nur kurzfristig geschieht, werden entlang der Außenwände neben den Fundamenten Dränrohre verlegt, die das Wasser zunächst einem Spülschacht und schließlich einem Vorfluter zuführen.

Name:	Klasse:	Datum:

3 Mauern eines einschaligen Baukörpers

Darstellung von Baukörpern

„Ich möchte gerne...“ „Aber ich brauche...“

Die Bauherren des Reihenhauses haben bezüglich des geplanten Schlafzimmers unterschiedliche Meinungen. Sie möchte sich gerne mal mit einem Buch ins Schlafzimmer zurückziehen, er möchte während des Arbeitens auch einmal Besuch empfangen, um gemeinsam ein Problem zu lösen. Aber Besuch im Schlafzimmer? Das Schlafzimmer ist groß genug, um daraus zwei abgeschlossene Zimmer zu machen. Machen Sie einen Vorschlag in der unten abgebildeten Zeichnung als Freihandskizze mit einem weichen Bleistift. Innerhalb der Klasse sollten unterschiedliche Vorschläge gemacht werden.

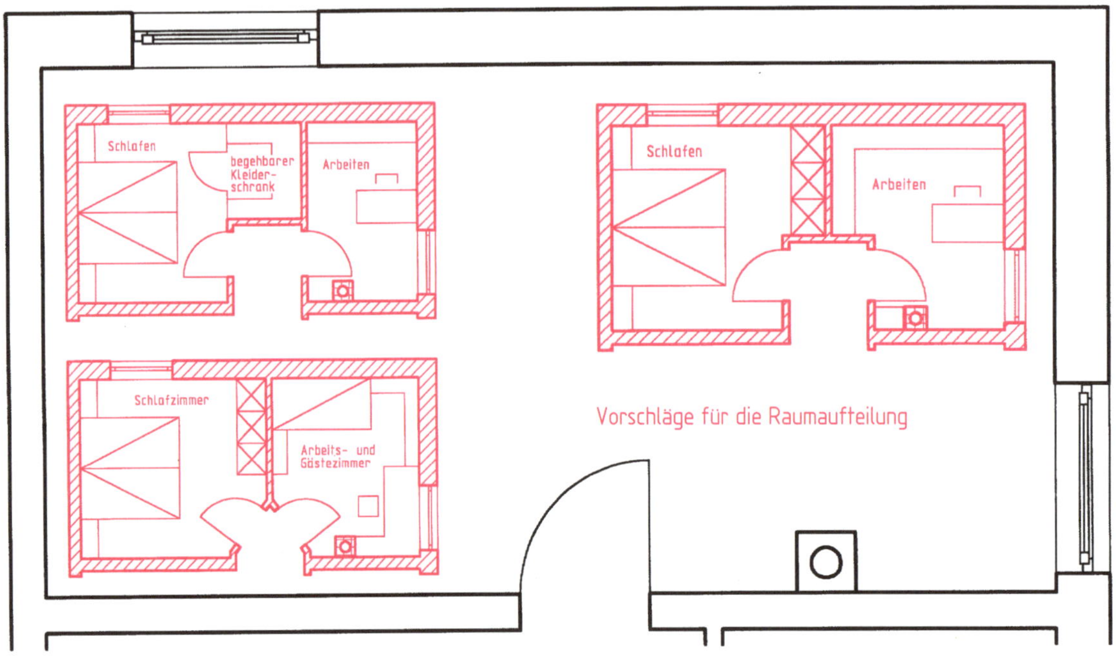

Zeichnen Sie Ihren Vorschlag als Teil-Arbeitsplan im Maßstab 1:50 mit allen erforderlichen Maßen auf ein A4-Blatt. Schraffieren Sie die Wände (Mauerwerk aus künstlichen Steinen). Achten Sie auf unterschiedliche Strichstärken!

Es ist nicht üblich, in einen Arbeitsplan die normale Einrichtung einzuzeichnen. Damit sich die Bauherren aber genau vorstellen können, was in die Zimmer passt, zeichnen Sie die vorgesehene Möblierung mit ein.
Messen Sie in der Schule und zu Hause die notwendigen Möbel nach, damit Sie sie zeichnen können. Tragen Sie die Maße unten ein (in m bzw. cm).

Doppelbett	Schrank	Schreibtisch	Regal
b = 2,00	*b* = 50; 60	*b* = 1,20; 1,60	*b* = ab 30
l = 2,00	*t* = 50; 60	*t* = 80; 1,00	*t* = 25; 30

Name: ______________ Klasse: ______________ Datum: ______________

4 Herstellen eines Stahlbetonbauteils

1. Vor Ihnen steht ein grüner Zementsack mit schwarzer Aufdruckfarbe, auf dem unter anderem zu lesen ist: ... *CEM III/A… – SR*

   a) Ergänzen Sie die Sackaufschrift mit Angaben

– zur Zementart	*Hochofenzement*	Vom Schüler in das Bild eintragen lassen
– zur Norm	*DIN EN 197-1*	
– zur Festigkeitsklasse	*42,5 N*	
– zur Masse des Zementsackes	*25 kg*	

   b) Kreuzen Sie die richtige Antwort an und begründen Sie kurz:

   ☐ Es handelt sich um einen Zement mit hoher Anfangsfestigkeit

   ☒ Es handelt sich um einen Zement mit üblicher Anfangsfestigkeit

   Grüner Sack, schwarzer Aufdruck → 42,5 N
   „N“ steht für übliche Anfangserhärtung, eine hohe Anfangsfestigkeit wäre mit „R“ (Rapid = schnell) gekennzeichnet.

   c) Erläutern Sie die Zusatzbezeichnung *SR.*

   SR steht für „hoher Sulfatwiderstand” (sulfate resisting)

2. Zählen Sie die Hauptbestandteile des Zements auf, und beschreiben Sie deren Herstellung bzw. Gewinnung.

   Hauptbestandteile: *Portlandzementklinker, Hüttensand*

   Herstellung: *Portlandzementklinker:*
   1. Aufbereiten der Rohstoffe (Kalkstein, Ton ...)
   2. Brennen
   3. Mahlen und Zugabe von Gipsstein

   Gewinnung: *Hüttensand ist ein Rückstand, der bei der Roheisengewinnung entsteht.*

3. Nach dem Betonieren des Kellers fragt ein Nachbar, ob „der Zement schon trocken sei“. Erklären Sie, warum diese Frage falsch gestellt ist.

   Weil Zement Wasser benötigt, um auszuhärten (= Hydratation).
   Trocknet er, so kann die Erhärtung nicht vollständig erfolgen.

4. Der *w/z*-Wert hat einen entscheidenden Einfluss auf die Qualität des herzustellenden Betons.

   a) Wofür steht die Abkürzung *w/z*-Wert?

   Wasserzementwert, d. h. Verhältnis Wasser : Zement

   b) Erläutern Sie den Zusammenhang zwischen der Festigkeit und dem *w/z*-Wert eines Betons.

   Der w/z-Wert muss den Herstellerangaben entsprechen, ein zu hoher oder geringer Wert vermindert die Festigkeit.

   c) Berechnen Sie die erforderliche Menge an Wasser (Mittelwert in Liter), die zugegeben werden muss, um für 30 Säcke unseres Zements einen geeigneten *w/z*-Wert zwischen 0,4 und 0,6 zu erhalten (Annahme: Eigenfeuchte der Gesteinskörnung kann vernachlässigt werden).

   Zement: z = 30 Säcke · 25 kg/Sack = 750 kg
   für w/z = 0,4: w = 0,4 · 750 kg = 300 kg ⇨ 300 l Wasser
   für w/z = 0,6 w = 0,6 · 750 kg = 450 kg ⇨ 450 l Wasser
   Mittelwert: w = (300 l + 450 l) : 2 = 375 l Wasser

Name: ______________ Klasse: ______________ Datum: ______________

4 Herstellen eines Stahlbetonbauteils

Gesteinskörnung

1. An unserem Reihenhaus soll der Beton für kleinere, beiläufig anfallende Betonierarbeiten nicht fertig angeliefert, sondern auf der Baustelle gemischt werden. Hierfür soll ein kleines Materiallager für Gesteinskörnungen eingerichtet werden: Gesteinskörnungen für Normalbeton und natürliche, ungebrochene Gesteinskörnungen.

   Nennen Sie alle infrage kommenden Gesteinskörnungen.

   Sand und Kies

2. Weshalb soll die Zementleimmenge, die die Gesteinskörner zusammenhält, so gering wie möglich sein?

   Um den Zementverbrauch möglichst klein zu halten. Dies erspart Kosten und minimiert die Gefahr geringerer Druckfestigkeiten durch Schwinden des Betons (Zementstein ist weniger fest als das Korngemisch).

3. Die beiden unten abgebildeten Kornformen besitzen das gleiche Volumen, sind also *gleich groß*, jedoch nicht in gleichem Maße als Gesteinskörnung geeignet.

   Kugelförmig

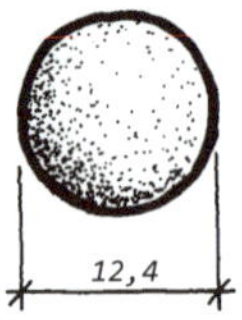

   quaderförmig (plattenförmig)

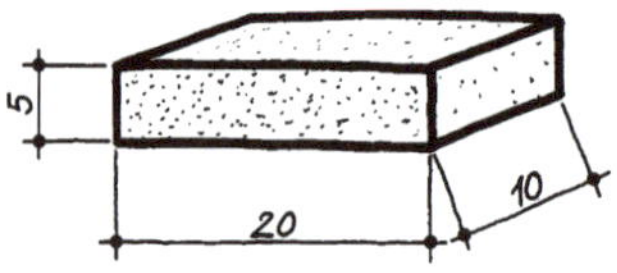

   (alle Maße in mm)

   Entscheiden Sie sich für eine der beiden Formen von Gesteinskörnungen und begründen Sie Ihre Wahl. Führen Sie einen rechnerischen Nachweis durch ($O_{Kugel} = \pi \cdot d^2$).

   Rundes, gedrungenes Korngemisch ist dem länglichen und kantigen vorzuziehen, da sich dieses besser verdichten lässt und eine geringere Oberfläche bei gleichem Volumen besitzt.

   Nachweis:

   $V_{Kugel} = \pi \cdot d^3 / 6 = \pi \cdot (12{,}407\ mm)^3 / 6 = 1000\ mm^3$

   $V_{Quader} = l \cdot b \cdot h = 20\ mm \cdot 10\ mm \cdot 5\ mm = 1000\ mm^3$

   $O_{Kugel} = \pi \cdot d^2 = \pi \cdot (12{,}407\ mm)^2 = 483{,}6\ mm^2$

   $O_{Quader} = U \cdot h + 2\,A = 2(20\ mm + 10\ mm) \cdot 5\ mm + 2 \cdot 20\ mm \cdot 10\ mm$

   $= 700\ mm^2$

   $O_{Kugel} < O_{Quader}$ → *weniger Zementleim nötig!*

4. Eine Gesteinskörnung aus wenigen großen Körnern benötigt weniger Zementleim als mehrere kleine Körnungen, die zusammen das gleiche Volumen besitzen wie das große Korn.

   a) Berechnen Sie *V* und *O*.

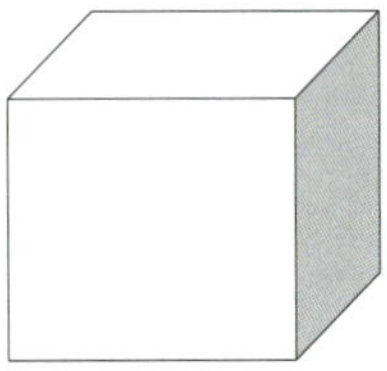

Kantenlängen 15 cm

$V = 3375\ cm^3$

$O = 1350\ cm^2$

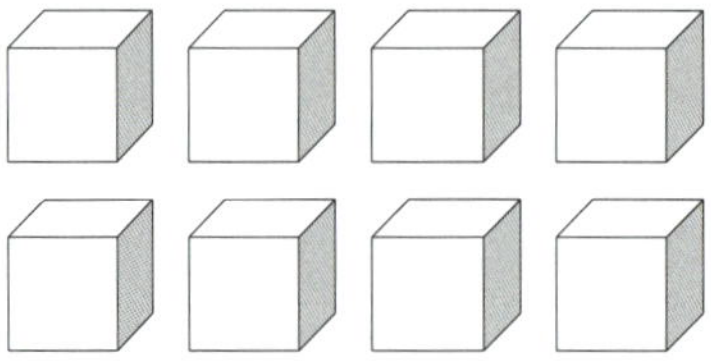

Kantenlängen 7,5 cm

$V_{ges} = 8 \cdot 421{,}875\ cm^3$

$V_{ges} = 3375\ cm^3$

$O_{ges} = 8 \cdot 337{,}5\ cm^2$

$O_{ges} = 2700\ cm^2$

Name: ______ Klasse: ______ Datum: ______

4. b) Begründen Sie, weshalb trotz geringerer Oberfläche nicht nur großkörnige Korngemische mit etwa gleich großen Durchmessern verwendet werden sollen.

Es entstünden große Hohlräume zwischen den einzelnen Körnern, die wiederum mit Zementleim gefüllt werden müssten. Der Zementleimverbrauch würde trotz Einsparung durch die geringere Oberfläche des größeren Einzelkorns steigen.

c) Wie sollte unter Berücksichtigung der Ergebnisse von a) die ideale Kornzusammensetzung aussehen?

Die Kornzusammensetzung sollte gemischtkörnig sein, sodass Hohlräume zwischen den großen Körnern mit kleineren Körnern statt mit Zementleim ausgefüllt werden.

5. Nennen Sie drei Gründe, weshalb zu große Körnungen des Korngemisches für Beton nicht mehr verwendet werden dürfen.

Die Verdichtbarkeit lässt mit steigender Korngröße nach.
Die Körner müssen beim Verdichten durch die Bewehrung hindurchgehen.
Mit einer zu großen Gesteinskörnung lässt sich keine glatte Betonoberfläche herstellen.

6. Für die UG-Wände des Reihenhauses wurde ein Gesteinskörnungsgemisch (m = 5,0 kg) angeliefert. Im Rahmen der Eigenüberwachung wurde die Kornzusammensetzung mit dem genormten Siebsatz (siehe Abbildung) überprüft. Die Ergebnisse der Einzelwiegungen der Siebrückstände sind hinter den entsprechenden Siebdurchmessern angegeben. Nach der Auswertung der Probe wurde die Qualität des Materials bemängelt.
Entscheiden Sie, ob die Vorbehalte gegen das angelieferte Material berechtigt sind, indem Sie

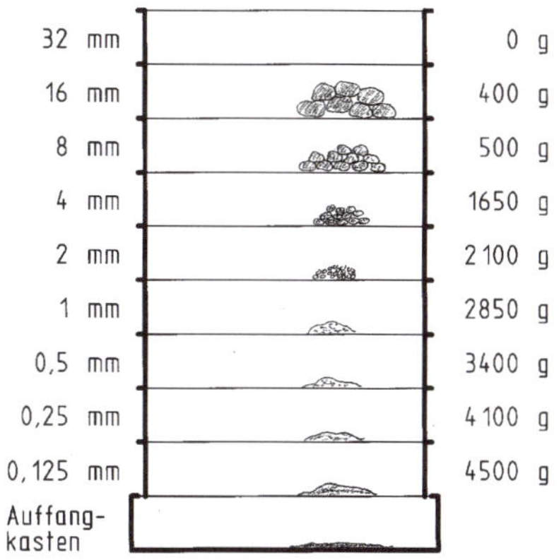

a) den Sieblinienddurchgang bestimmen,
b) die sich ergebende Sieblinie mit der Regelsieblinie vergleichen (siehe Fachbuch S. 133).

Auswertung Siebversuch:

Sieb (mm)	0,125	0,25	0,5	1	2	4	8	16	32
Rückstand in g	*4500*	*4100*	*3400*	*2850*	*2100*	*1650*	*500*	*400*	*0*
Rückstand in %	*90*	*82*	*68*	*57*	*42*	*33*	*10*	*8*	*0*
Durchgang in %	*10*	*18*	*32*	*43*	*58*	*67*	*90*	*92*	*100*

Ergebnis:

Die Sieblinie verläuft im Bereich ⑤ der Regelsieblinie für die Körnung 0/32. → Das angelieferte Gemisch ist ungünstig, da es zu viele Feinstteilchen enthält und so die mit Zementleim zu umhüllende Oberfläche unnötig vergrößert wird.

Name: ______ Klasse: ______ Datum: ______

4 Herstellen eines Stahlbetonbauteils

Gemäß Bauablaufplanung stehen in Kürze die Betonierarbeiten für die Decke des Untergeschosses unseres Reihenhauses an. Der Beton soll auf die Baustelle geliefert werden. Folgende Forderungen sind bekannt:

- Standardbeton
- Betonsteife des zu verarbeitenden Betons gemäß Ausbreitmaßklasse F3
- Zusammensetzung der Gesteinskörnung im günstigen Sieblinienbereich, Größtkorn 16 mm, $\varrho = 2{,}6$ kg/dm³
- Verwendung eines Zements der Festigkeitsklasse 32,5 R
- Eigenfeuchte des Korngemisches 3,5 %

1. Wie viel Beton C16/20 muss für die UG-Decke (einschl. Unterzüge) bestellt werden? Die Betonmenge ist für die Bestellung auf ganze m³ aufzurunden.

Betonmenge:

Decke: V = 10,99 m · 7,50 m · 0,20 m = 16,485 m³

Unterzüge: V = 2 · 7,02 m · 0,24 m · 0,165 m = 0,556 m³

17,041 m³

Bestellung: 18 m³ C16/20

2. Ermitteln Sie die benötigten Einzelmengen an Zement (in Säcken je 25 kg), Gesteinskörnung (in t) und Wasser (in m³).

Nach Tabelle:

C16/20	*380 kg Zement*	*je m³ Beton*
Sieblinienbereich ③	*180 l Wasser*	
Konsistenz: weich	*1810 kg Gesteinskörnung*	

Gesamtbedarf:

Zement: 18 m³ · 380 kg/m³ = 6840 kg → 274 Säcke

Korngemisch: 18 m³ · 1810 kg/m³ = 32580 kg → 32,6 t

Wasser: 18 m³ · 180 l/m³ = 3240 l → 3,24 m³

3. Nennen Sie die Arbeitsschritte (mit Einsatz von Maschinen), die nach dem Anliefern des Betons erfolgen, und erläutern Sie, worauf im Einzelnen besonders geachtet werden muss.

– Transportbeton, sofort nach Anlieferung per Transportmischer verarbeiten

– Einbringen des Betons per Kran(-kübel) aus geringer Höhe über der zu betonierenden UG-Decke, Fallhöhe max. 1 m

– Verdichten des Betons mit Innenrüttler, bis keine Luftblasen mehr an der Oberfläche erscheinen. Rüttler darf nicht zum Verteilen des Betons benutzt werden!

– Nachbehandeln des Betons, z. B. durch Folienabdeckung

Name: ______ Klasse: ______ Datum: ______

4 Herstellen eines Stahlbetonbauteils

1. Welche Bedeutung haben die folgenden Abkürzungen aus dem Themenbereich Betonstähle? Wie heißt das senkrechte Wort in den grau unterlegten Feldern?

Q	QUADRATISCHE • STABSTAHLABSTÄNDE
B500B	BETONSTABSTAHL
B	HOCHDUKTIL
A	NORMALDUKTIL
R	RECHTECKIGE • STABABSTÄNDE

↑

Lösungswort: Beton

2. Die Zeichnung zeigt einen Stahlbetonbalken aus C25/30, der in einem Raum mit hoher Luftfeuchtigkeit eingebaut werden soll.

   a) Beschriften und dimensionieren Sie die einzelnen Bewehrungsstäbe.

Tragstäbe	ϕ 20 mm
Montagestäbe	ϕ 8 mm
Bügel	ϕ 8 mm

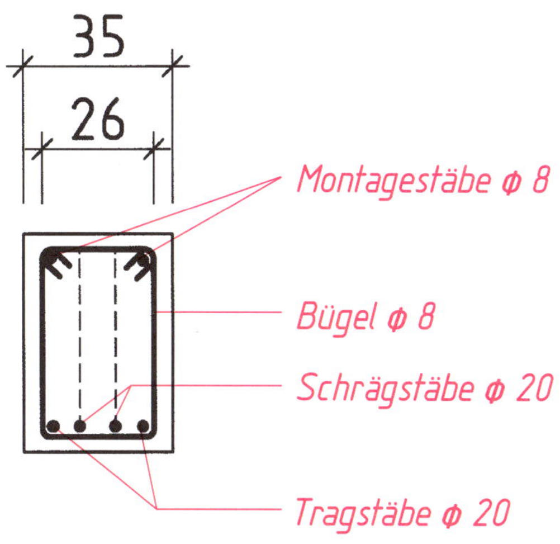

   b) Kontrollieren Sie, ob die vorhandene Betondeckung den Vorschriften entspricht.

   Bauteil in hoher Luftfeuchtigkeit (XC3): nom c = 3,5 cm bei ϕ < 25 cm
   vorh. Betondeckung = (35 cm – 26 cm) : 2 = 4,5 cm
   > nom c = 3,5 cm → ok

   c) Kontrollieren Sie, ob die dargestellten Stahlabstände der Längsstäbe den Vorschriften entsprechen.

   Abstand der Stähle:

$$= \frac{35\ \text{cm} - (2 \cdot 4{,}5\ \text{cm} + 2 \cdot 0{,}8\ \text{cm} + 4 \cdot 2{,}0\ \text{cm})}{3\ \text{Stahlabstände}}$$

$$= \frac{35\ \text{cm} - 18{,}6\ \text{cm}}{3}$$

$$= 5{,}5\ \text{cm} > 2{,}0\ \text{cm} > d_s = 2{,}0\ \text{cm} \rightarrow \text{ok}$$

Name:	Klasse:	Datum:

3. Der folgend abgebildete Bewehrungsplan eines Stahlbetonbalkens ist unvollständig.
   a) Ergänzen Sie die fehlenden Bewehrungselemente im Bewehrungsplan.
   b) Benennen Sie die einzelnen Bewehrungselemente und erläutern Sie deren statische Aufgaben.

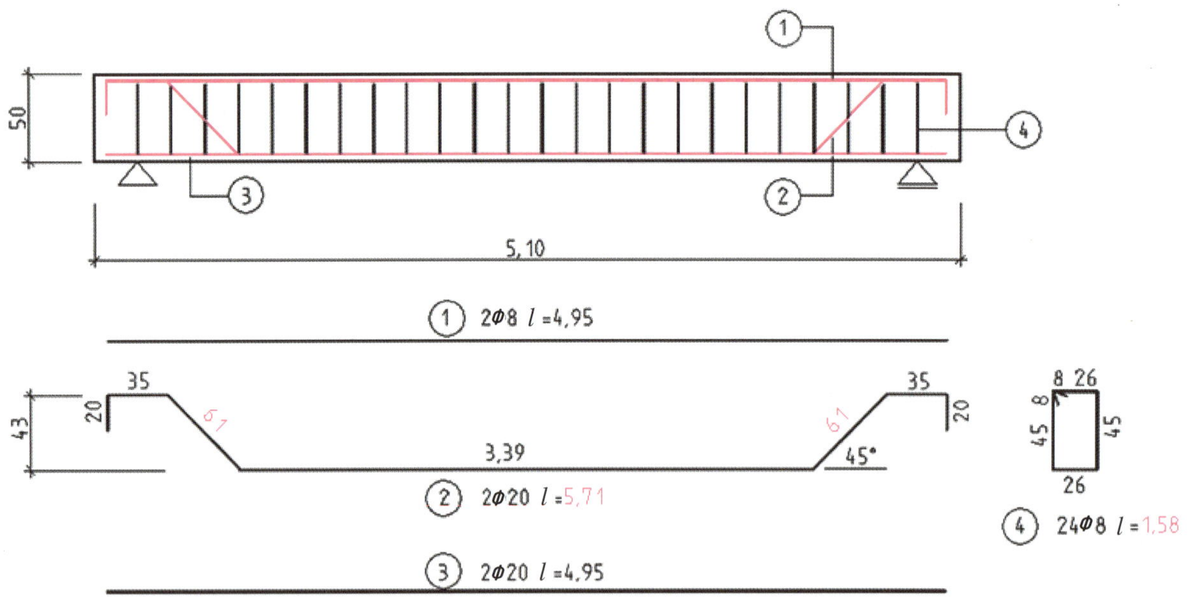

zu b):

Position	Bezeichnung	statische Aufgabe
1	*Montagestäbe*	*Druckbewehrung*
2	*Schrägstäbe*	*Aufnahme von Schubspannungen*
3	*Tragstäbe*	*Aufnahme von Zugspannungen*
4	*Bügel*	*Aufnahme von Schubspannungen*

4. Ergänzen Sie die Stahlliste für den Stahlbetonbalken und ermitteln Sie die Gesamtmasse an Betonstahl nach DIN 488.

Pos.	Stück	⌀ in mm	Einzellänge in m	Gesamtlänge in m ⌀ *8*	Gesamtlänge in m ⌀ *20*
1	*2*	*8*	*4,95*	*9,90*	
2	*2*	*20*	*5,71*		*11,42*
3	*2*	*20*	*4,95*		*9,90*
4	*24*	*8*	*1,58*	*37,92*	
Gesamtlänge in m				*47,82*	*21,32*
Längenbezogene Masse in kg/m				*0,395*	*2,466*
Masse in kg				*18,889*	*52,575*
Gesamtmasse in kg				*71,464*	

5. Wie verändert sich die Bügelbewehrung, wenn auf die Aufbiegung der Stäbe Pos. 2 verzichtet wird?

Der Abstand der Bügel in den Auflagerbereichen muss verringert werden, damit die dort auftretenden Schubspannungen aufgenommen werden können.

Name: ______ Klasse: ______ Datum: ______

4 Herstellen eines Stahlbetonbauteils

1. Schalungen lassen sich in drei Gruppen einteilen. Nennen Sie diese Gruppen und ordnen Sie ihnen Beispiele (siehe auch Abbildungen **Lernfeld Bautechnik / Grundstufe**), Kennzeichen / Merkmale, weitere Anwendungsbeispiele sowie Vor- und Nachteile zu.

Gruppen:		
Systemlose Schalung	*Systemschalung*	*Sonderschalung*
Beispiel am Projekt:		
Fenstersturz (Überzug)	Geschossdecke, Wand	Stütze
Abbildung im Fachbuch:		
S. 157 (Bild oben)	S. 162 (Bild Mitte)	S. 165 (Bild zu Aufgabe 6)
Kennzeichen / Merkmale:		
Für jedes Bauteil wird eine neue Schalung (meist aus Holz) gefertigt.	*Vorgefertigte Schalelemente können für ähnliche Bauteile wieder verwendet werden.*	*Für besondere Bauteile hergestellte Schalungen*
Weitere Anwendungsbeispiele:		
Aussparungen *Streifenfundamente*	*Kellerwände*	*Stützen* *Säulen* *Schachtbauwerke*
Vorteile dieser Schalungen:		
alle Formen möglich	*mehrfach wiederverwendbar*	*Sonderlösungen möglich*
Nachteile dieser Schalungen:		
hoher Zeitaufwand *viel Schalmaterial nötig*	*hoher Anschaffungspreis* *nur für spezielle Aufgaben einsetzbar*	*hoher Anschaffungspreis* *nur für eine Lösung verwendbar*

2. Erklären Sie, warum die Schalung vor dem Bewehren mit einem Trennmittel versehen und vor dem Betonieren genässt werden muss.

Durch Trennmittel: – leichteres Ausschalen möglich
– häufigerer Einsatz möglich
– bessere Betonoberflächenbeschaffenheit
Durch Nässen: – werden Risse und Spalten bei Massivbrettern geschlossen

3. Wann sind Hilfsstützen aufzustellen?

Beim oder unmittelbar nach dem Ausschalen.

4. Weshalb sind Hilfsstützen aufzustellen?

Um Durchbiegungen von ausgeschalten Bauteilen zu verhindern.

Name: ____________ Klasse: ____________ Datum: ____________

4 Herstellen eines Stahlbetonbauteils

Umweltfreundliches Bauen lässt sich verwirklichen, wenn das bei allen Phasen des Projekts berücksichtigt wird.
Wie können wir unsere Umwelt schonen? (Hier ist Teamwork gefragt: Je mehr Leute sich Gedanken darüber machen, umso mehr Möglichkeiten werden gefunden!)

Bei der Planung:

- *bestehenden Bewuchs schonen*
- *Ausrichtung des Gebäudes nach Süden (Wohnräume und Fensterflächen)*
- *auf günstiges Verhältnis von Gebäudefläche zu Gebäudevolumen achten*
- *Alternative Energie nutzen*
- *Konstruktion ohne Wärmebrücken*
- *ausreichende Wärmedämmung einplanen*
- *Wahl der Baustoffe nach Dämmwert, schadstofffreier Herstellung, Wiederverwendbarkeit und dezentraler Herstellung wählen*
- *effektives Heizsystem wählen, natürliche Energien nutzen*
- *wenn möglich, Dach- und Wandflächen begrünen*

Beim Bau:

- *Oberbodenabtrag richtig lagern*
- *keine Treibstoffe in den Boden gelangen lassen*
- *Baugrube nicht als Abfalleimer benutzen*
- *bestehenden Bewuchs während der Bauzeit schützen*
- *Entwässerung auf Dichtheit überprüfen*
- *Garten- und Hofflächen nicht versiegeln*
- *umweltschonendes Dämmmaterial verwenden*

Während des Wohnens:

- *Heizanlage richtig einstellen und regelmäßig warten lassen*
- *nicht bei laufender Heizung lüften*
- *Baubestand pflegen und erhalten*
- *keine gefährlichen Materialien ungeschützt im Haus lagern*
- *tropfende Wasserhähne reparieren lassen*

Denkanstöße:

Lebensraum für Insekten

Dachflächen so ↑oder so↓?

Alternative Energienutzung

Wege so ↑ oder so ↓?

Heizen – so nicht!

Name: ______ Klasse: ______ Datum: ______

5 Herstellen einer Holzkonstruktion

1. Die beiden Fotos zeigen dieselbe Baumart (Hochgebirge/Flachland).

   a) Um welche Baumart handelt es sich?

   Nadelholz → Kiefer

   b) Weshalb haben sie solche unterschiedlichen Wachstumsausprägungen?

   Standort Hochgebirge:
   – harte Winter
   – Stürme, Gewitter
   Standort Flachland:
   – normales Umfeld
   – geschützte Lage, ideale Wuchsbedingungen

2. Geben Sie die Bezeichnungen der einzelnen Schichten an.

   1 Borke
   2 Bast
   3 Kambium
   4 Splint
   5 Kern

3. Ordnen Sie den folgenden Funktionen die Schichten zu:

Kambium	bildet die neuen Zellen.
Kern	ist abgestorbenes Holz, dient als Stütze des Baumes.
Bast	ist weiches, faseriges Gewebe, das die Nährstoffe von den Blättern in die übrigen Teile des Baumes leitet.
Splint	ist junges Holzgewebe, das Wasser und Nährsalze zu den Blättern befördert.
Borke	schützt den Baum vor Hitze, Kälte, Insekten und Pilzen.

4. Am Querschnitt eines Stammes kann man den Wachstumsverlauf des Baumes erkennen. Die Abbildung zeigt einen mikroskopischen Querschnitt durch einen Jahrring.

   a) Wie nennt man die Bereiche 1 und 2?

   1 Spätholz   2 Frühholz

   b) Wann entstehen sie jeweils?

   1 im Sommer, Herbst   2 im Frühjahr

   c) Welcher Unterschied besteht hinsichtlich ihrer mechanischen Eigenschaften?

   Spätholz ist härter als Frühholz.

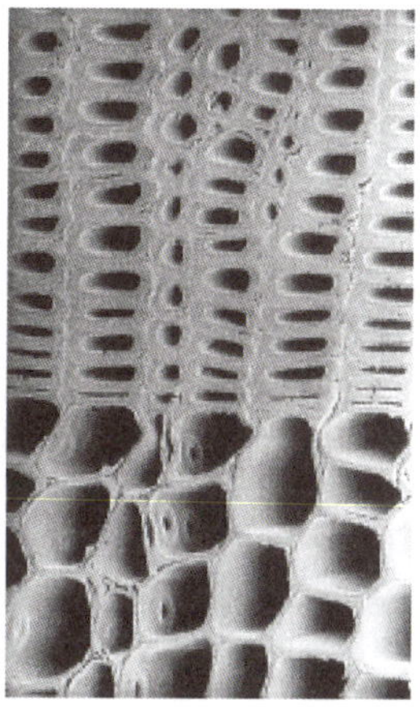

Name: Klasse: Datum:

5 Herstellen einer Holzkonstruktion

Handelsformen Holzwerkstoffe

1. Geben Sie die Bezeichnungen für die folgenden Holzquerschnitte an (Angaben in mm).

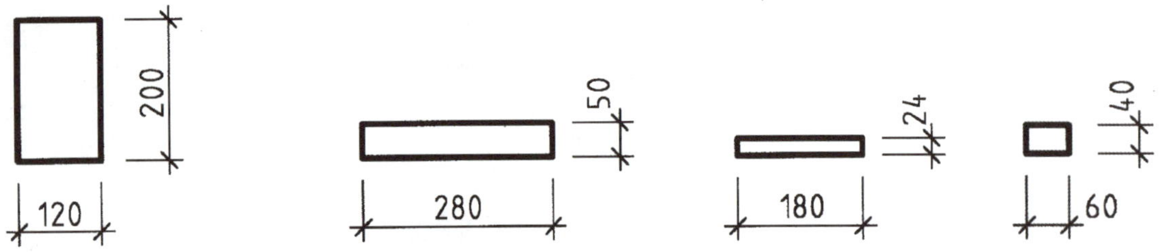

Kantholz (Balken) | *Bohle* | *Brett* | *Latte*

2. Bei Konstruktionsvollholz verwendet man am besten *Vorzugsquerschnitte*. Welche Bedeutung haben diese Querschnitte?

– Vorzugsquerschnitte können als Vorratshölzer produziert und gelagert werden, dadurch erheblich kürzere Lieferzeiten.

– Vorzugsquerschnitte sind als Massenware billiger gegenüber Einzelanfertigungen.

3. Das Reihenhaus soll eine Holztreppe bekommen. Unser Zimmerer sucht für die Geländerpfosten ein geeignetes Stück Kiefernholz aus.

a) Welche Merkmale weisen die einzelnen Holzstücke auf?

1 *Kern + Splint, enge Jahrringe*

2 *Splint, weite Jahrringe, Seitenware*

3 *Kern + Splint, mit Herz und Flügelästen*

4 *Kern + Splint, weite Jahresringe, Seitenware*

b) Welches Holzstück würden Sie wählen (mit Begründung)?

Möglich ist 1 oder 2.

Begründung: *1 enge Jahrringe → fest, härter, Splint und Kern aus optischen Gründen*

2 wenn man nur das helle Splintholz will

4. Um welche Holzwerkstoffe handelt es sich bei den folgenden Abbildungen?

Bau-Furniersperrholz

OSB-Flachpressplatte

Holzfaserplatte

Holzwolleplatte

Name: ______________ Klasse: ______________ Datum: ______________

5 Herstellen einer Holzkonstruktion

1. Welche Einschnittart zeigt die Abbildung jeweils?

a) Halbholz

b) Ganzholz

a) 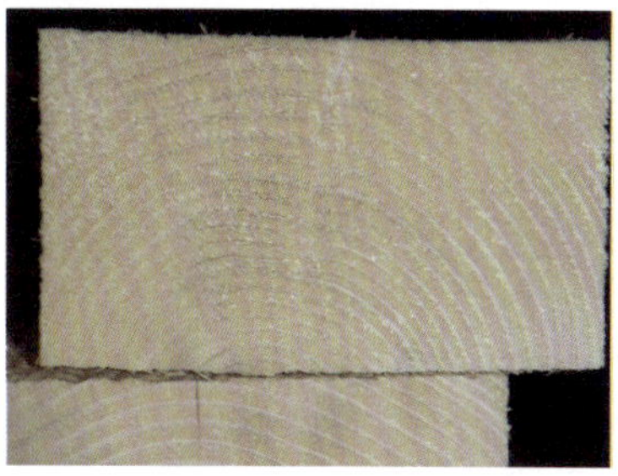

b) 

2. Die beiden Abbildungen zeigen zwei Holzfehler. Benennen Sie sie jeweils:

a) 

b) 

a) Durchfallast

b) Ringschäle

3. Einige Zeit nach dem Einbau hatte sich die abgebildete Pfette verdreht. Welche Ursache führte zu dieser Verformung?

Das Schwinden des Holzes bei einem vorliegenden Drehwuchs

4. Was kann man tun, um die Folgen des Arbeitens (Schwinden und Quellen) von Holz zu vermindern?

– Holzteile mit der Feuchte einbauen, die sich später einstellen würde
– Bewegungen durch Arbeiten ermöglichen (Fugen lassen, Bretter bei Deckelschalungen einzeln nageln)
– Für große Flächen Sperrholz verwenden

5. In einem Bund Dachlatten fand sich die rechts abgebildete. Darf sie eingebaut werden? (bitte mit Begründung)

Nein. Sie entspricht nicht den Sortierkriterien und wird schon bei geringer Belastung brechen.

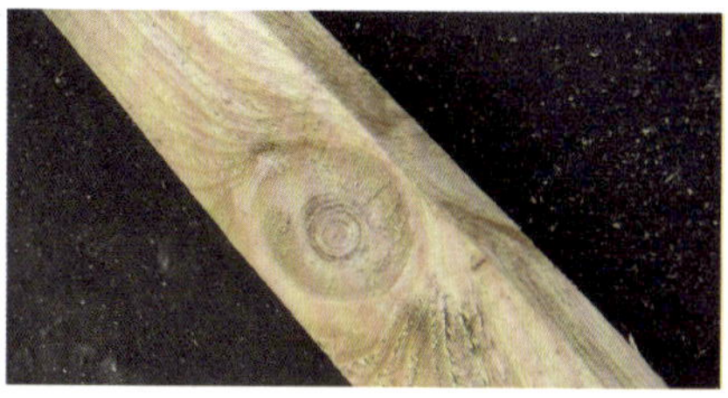

6. Konstruktiver Holzschutz am Gebäude ist unablässig für eine lange Lebensdauer der Holzbauteile. Erläutern Sie, wie dem in den beiden Abbildungen Rechnung getragen wurde:

a) 

b) 

a) Abstand vom Boden → Spritzwasserschutz

b) Einbau einer Sperrschicht zwischen Holz und Beton gegen aufsteigende Feuchte

Name:

Klasse:

Datum:

1. Die Außenschalung einer Hütte wurde durch Holzschädlinge zerstört. Welcher Fehler wurde beim Bau gemacht und welche Schädlinge kommen als Schadensverursacher in Frage?

Kein Abstand zum Boden als Schutz vor Spritzwasser (mind. 30 cm). Mögliche Schadensverursacher sind Holz zerstörende Pilze.

2. Wie heißen die abgebildeten tierischen Holzschädlinge?

Gemeine Holzwespe

Hausbockkäfer

Holzschädling im Larvenstadium

3. Welche Maßnahmen umfasst der Holzschutz? s. Lehrbuch, Abschnitt 5.6.1 und 5.6.2

Auswahl geeigneter Holzarten (Dauerhaftigkeit des Holzes nutzen)
bauliche und konstruktive Vorkehrungen (Holz vor Feuchtigkeitseinwirkungen schützen)
Oberflächenbehandlung mit Wetterschutzmitteln (vor Witterungseinflüssen schützen)
Holzschutzmittel einsetzen (Giftstoffe)

4. Geben Sie Eigenschaften und Anwendung von öligen und wasserlöslichen Holzschutzmitteln an.

Holzschutzmittel	ölige Holzschutzmittel	wasserlösliche Holzschutzmittel
Eigenschaften:	*Wasser abweisend, wasserunlöslich, größtenteils giftig, keimtötend, setzen Flammpunkt herab*	*wasserlöslich, auslaugbar, Feuerschutz, greifen z. T. Eisenmetalle an*
Anwendung:	*für trockenes Holz im Freien, für Schwellen, Balkenköpfe, nur Randschutz*	*auch bei feuchtem und nassem Holz einsetzbar, für den Innenbereich, Oberflächenschutz, Rand-, Tiefenschutz*

Name: ____________ Klasse: ____________ Datum: ____________

5 Herstellen einer Holzkonstruktion

1. Welche Hölzer einer Fachwerkwand gehören zu den tragenden, welche zu den aussteifenden Hölzern?

tragende Hölzer: Pfosten, Schwelle, Pfette o. Rähm

aussteifende Hölzer: Streben, Riegel

2. Wie wird eine Fachwerkwand in der Längsrichtung ausgesteift? Beschreiben Sie den Kräfteverlauf.

Durch die Streben: sie nehmen die waagerecht wirkenden Windkräfte auf und leiten sie über die Schwelle in das darunterliegende Bauteil ab.

3. Weshalb sollte die Schwelle bei Fachwerkwänden etwa 2 cm über die Außenkante des Fundamentsockels vorstehen?

Bei dieser Anordnung dringt kein Regenwaser zwischen Schwelle und Fundamentsockel, da es abtropfen kann.

4. Wie wird eine Strebe an die Pfette (Rähm) angeschlossen?

Bei geringer Wandhöhe Verbindung durch Zapfen, sonst durch Versatz und Zapfen.

5. Warum wird das Zapfenloch etwas tiefer ausgearbeitet als die Zapfenlänge?

Die Druckkräfte sollen über die abgesetzten Flächen und nicht über den Zapfen übertragen werden (dann kleinere Fläche!).

6. Häufig müssen Schwellen und Pfetten einer Fachwerkwand gestoßen werden, da die handelsüblichen Kantholz- und Balkenlängen den erforderlichen Baulängen nicht entsprechen. Nennen Sie Längsverbindungen für Schwellen und Pfetten.

Blattstoß, Zapfenstoß, gerades Hakenblatt, Gerberstoß u. a.

7. Auch heute noch werden viele traditionelle zimmermannsmäßige Holzverbindungen angewandt. Ordnen Sie die jeweiligen Verbindungen den Details an der Fachwerkwand zu

4 Abgestirnter Zapfen
2 Stirnversatz und abgesteckter Zapfen
3 Zapfen
1 Abgesteckter Zapfen und Eckblatt

8. Bei einem Gespräch hören Sie den Fachbegriff *Bundseite*. Was versteht man darunter?

Als Bundseite bezeichnet man die beste (z. B. scharfkantige) Seite eines Kantholzes bzw. Balkens. Sie wird gekennzeichnet. An dieser Seite wird der Zimmererwinkel angelegt und die Hölzer sind später auf dieser Seite bündig – daher Bundseite.

Name: ____________ Klasse: ____________ Datum: ____________

5 Herstellen einer Holzkonstruktion

Pfettendach

1. Nennen Sie die beim einfach stehenden Pfettendach verwendeten Hölzer und ihre Aufgaben.

Hölzer	Aufgaben
Sparren	*Lastaufnahme (Schnee, Dachdeckung ...)*
	Ableitung der Kräfte auf Pfetten
Schwellen oder	*Aufnahme der Lasten aus Sparren und Ableitung*
Fußpfetten	*in Decke*
Pfosten	*Aufnahme der Lasten aus Pfetten und Ableitung*
	in Decke
Firstpfette	*Aufnahme der Lasten aus Sparren und Ableitung*
	auf Pfosten
Büge oder	*Aussteifung in Längsrichtung*
Kopfbänder	

2. Wie funktioniert die **Queraussteifung** bei einem solchen Dach? Zeichnen Sie die Lösung in die nebenstehende Skizze ein.

Durch Bildung eines unverschieblichen
Dreiecks aus Sparren, Pfosten und Decke.

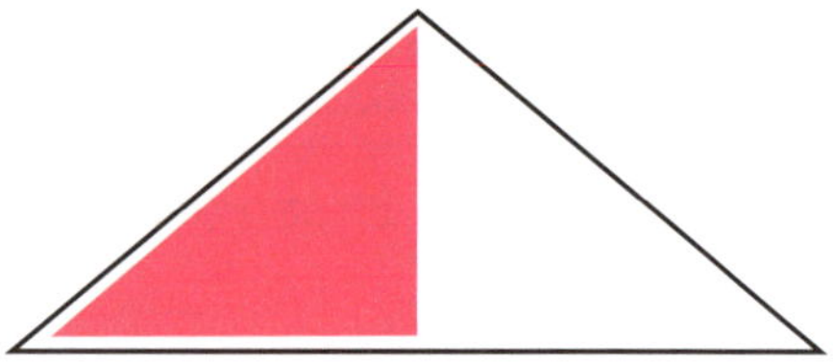

3. Kreuzen Sie die Bauteile an, die zur **Längsaussteifung** eines solchen Daches geeignet sind.

O Sparren	☒ Büge	O Unterspannbahn	☒ Windrispen
O Pfetten	O Schalung waagerecht	☒ Schalung 45°	O Rispenband
O Dachlattung	☒ Spanplatten stoßversetzt	☒ Kopfbänder	O Kamine

4. Nachbarn unseres Reihenhauses möchten auf ihrer Doppelgarage auch ein Satteldach haben, weil es schöner aussieht und sie damit zusätzlichen Stauraum bekommen. Zeichnen Sie für diese Garage einen einfach stehenden Pfettendachstuhl im Querschnitt im Maßstab 1:50, DN 36°.

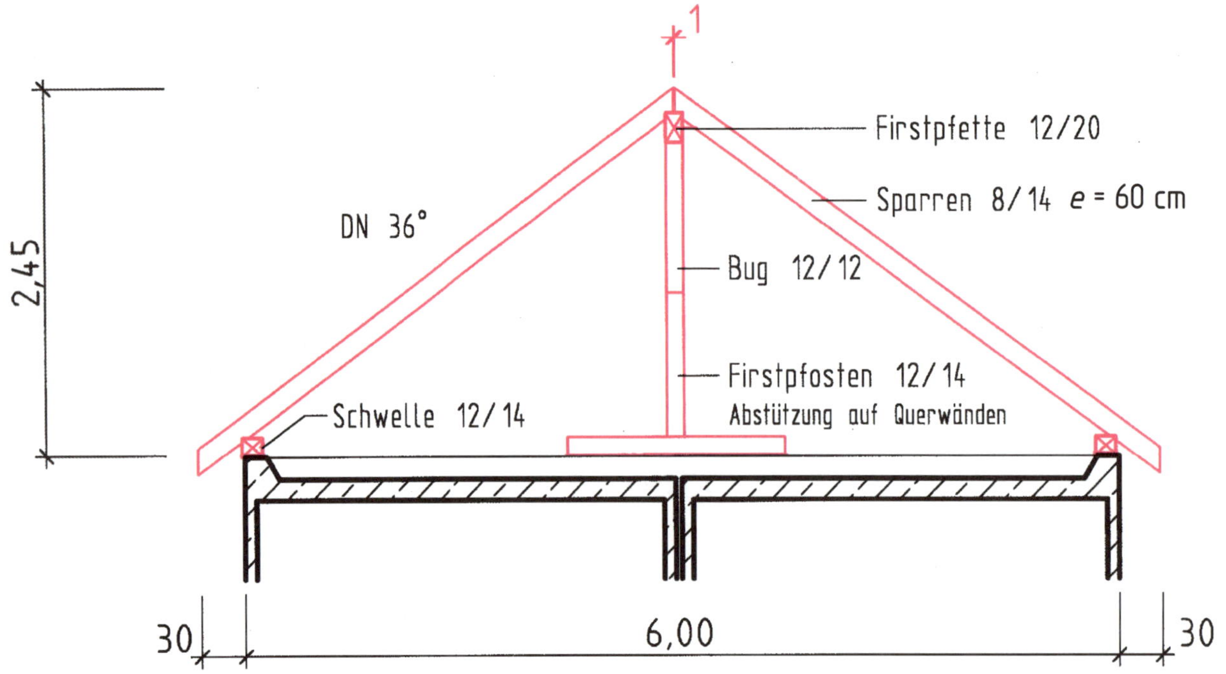

Name: ____________ Klasse: ____________ Datum: ____________

5 Herstellen einer Holzkonstruktion

Ihre Nachbarn haben sich für das Satteldach auf ihrer Doppelgarage entschieden (siehe Aufgabe 4 Seite 44). Den Bauablauf haben Sie in Fotos festgehalten. Beschriften Sie die Fotos richtig und machen Sie zu den einzelnen Fotos kurze Erläuterungen.

Bildunterschrift	Erläuterung
Stellen der Pfosten	*Hier werden auf den Querschwellen die Doppelpfosten mit einem Querriegel gestellt (zum nachträglichen Einbau eines Fensters in der Mitte).*
Ortgang, Traufe und Lattung anbringen	*Aus Profilschalung wird der spätere Dachüberstand erstellt, die Lattung je nach Deckungsmaterial aufgebracht.*
Annageln der Sparren	*Die Sparren werden mit den Kerven passend auf Fuß- und Firstpfetten gelegt und mit Sparrennägeln befestigt.*
Einrichten der Baustelle	*Material (Holz, Verbindungsmittel und Werkzeuge) wird angeliefert, die Hölzer vorsortiert gemäß der Abfolge, wie sie beim Aufrichten benötigt werden.*
Aufrichten der Firstpfette	*Die Firstpfette wird auf die bereits aufgestellten Pfosten und Streben (zur Längsaussteifung) gebracht.*
Legen der Fußpfetten	*Die Fußpfetten (Schwellen) werden auf der Rohdecke verlegt und genau eingemessen.*

Einrichten der Baustelle

Legen der Fußpfetten

Stellen der Pfosten

Aufrichten der Firstpfette

Annageln der Sparren

Ortgang, Traufe und Lattung anbringen

Name: ____________ Klasse: ____________ Datum: ____________

1. Nennen Sie Verbindungen des Ingenieurholzbaus.

– Nagelverbindungen
– Holzschraubenverbindungen
– Bolzen- und Dübelverbindungen
– Blechformteilverbindungen
– Leimverbindungen

2. Welche Vorteile haben die Verbindungen des Ingenieurholzbaus gegenüber zimmermannsmäßigen Verbindungen?

– Ihre Tragfähigkeit kann genau berechnet werden.
– Sie haben keine Querschnittsschwächung der Hölzer zur Folge.
– Die Ausarbeitung der Knotenpunkte ist wirtschaftlicher.
– Die Verbindungen können Druck-, Zug- und Scherkräfte übertragen.

3. Welche Anordnung der Drahtstifte ist richtig? Kreuzen Sie an.

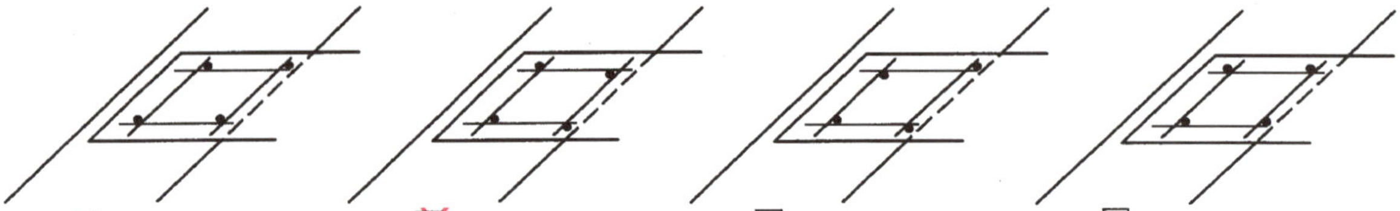

☐ ☒ ☐ ☐

4. Welche Vorteile hat eine Schraubverbindung gegenüber einer Nagelverbindung?

– Die Verbindung ist lösbar.
– Keine Spaltgefahr für das Holz.

5. Warum müssen bei Bolzenverbindungen ausreichend große Unterlegscheiben verwendet werden?

Holz hat quer zur Faser eine geringere Festigkeit. Die Unterlegscheibe verteilt die Kräfte unter dem Bolzenkopf und verhindert ein Einfressen des Bolzenkopfes in das Holz.

6. Welche Vorteile haben Blechformteilverbindungen?

– Sie können schnell eingebaut werden.
– Der Holzquerschnitt wird nicht geschwächt.
– Die Verbindungen sind druck- und zugfest und unverschieblich.

7. Nennen Sie Mess- und Anreißgeräte, die Sie brauchen, um einwandfrei passende Holzverbindungen herstellen zu können.

Messgeräte: *Gliedermaßstab, Messlatten, Messbänder*
Anreißgeräte: *Winkeleisen, Anschlagwinkel, Stellschmiege, Zapfenlehre, Alpha-Winkel, Schiftapparat*

8. Weshalb verfügt der Zimmererwinkel über eine Lochung am kurzen Schenkel?

Um Parallelrisse einfach ausführen zu können.

Name: ______ Klasse: ______ Datum: ______

5 Herstellen einer Holzkonstruktion

1. Welche Dachformen sind auf den folgenden Fotos dargestellt?

Pultdach

Satteldach

Walmdach

Kegeldach

Krüppelwalmdach

Mansarddach

2. Geben Sie die Bezeichnungen der einzelnen Dachkanten an.

First

Grat

Kehle

Ortgang

Traufe

3. Nicht nur der Grundriss, sondern auch die Gestaltung des Daches – Form und Dachdeckung – prägt ein Haus. Geben Sie mindestens vier verschiedenen Kriterien an, von denen die Wahl des Dachdeckungsmaterials abhängt.

Dachneigung	Kosten
Flächenlast [kN/m²]	Ästhetik
Bauvorschriften	Brandschutz

4. Nennen Sie Dachdeckungsmaterialien für geneigte Dächer.

Dachziegel, Betondachsteine, Schieferplatten, Wellplatten, Reet, Trapezbleche, Holzschindeln, Kunststoff-/Bitumenschweißbahnen

Name: ____________ Klasse: ____________ Datum: ____________

5. Nach den Fachregeln des Deutschen Dachdeckerhandwerks sind *Regeldachneigungen* einzuhalten. Was versteht man unter diesem Begriff?

Die Regeldachneigung ist die untere Dachneigungsgrenze (bezogen auf die Sparrenneigung), bei der sich eine Dachdeckung in der Praxis als ausreichend regensicher erwiesen hat.

6. Von welchen Faktoren ist die Regensicherheit abhängig?

Vom Deckwerkstoff (= Element), der Deckungsart (= System), den Anforderungen (= Randbedingungen)

7. In der Abbildung rechts wird mit Betondachsteinen gedeckt. Welche weiteren Dachdeckungsmaterialien kennen Sie?

– Schieferplatten – Faserzement-Wellplatten
– Metalldeckung (Wellbleche, Falzbleche)
– Kunststoff-Folien, – Holzschindeln,
– Tondachziegel, – Stroh, – Reet etc.

8. Unsere Bauherren haben sich für eine Dacheindeckung mit Falzziegeln entschieden. Berechnen Sie die notwendige Anzahl Ziegel, wenn 15 Stück/m² benötigt werden. Die Sparrenlänge beträgt 7,40 m, die Trauflänge 7,80 m.

$A = l \cdot b \cdot 2 = 7{,}80\ m \cdot 7{,}40\ m \cdot 2 = 115{,}44\ m^2$

Anzahl = $A \cdot$ Bedarf $= 115{,}44\ m^2 \cdot 15$ Stück/m² $= 1731{,}6 = 1732$ Stück

9. Wie viel Ziegel müssen bestellt werden, wenn mit 5% Bruch gerechnet wird?

1732 Stück $\cdot\ 1{,}05 = 1818{,}6 = 1819$ Stück

10. Faserzementplatten älteren Herstellungsdatums sind problematisch.

a) Welches Material wurde früher zur Herstellung dieser Platten verwendet?

Asbest

b) Welche Gefahren bestehen beim Abbrechen dieser Platten?

Einatmen der Stäube (lungengängige Fasern) → Asbestose → Lungenkrebs

11. Beschreiben Sie die Tätigkeit des Zimmerers auf der Abbildung.

Der Zimmerer schraubt am Ortgang ein Hängebrett als Unteransicht am Dachüberstand an der Lattung an.

Name:	Klasse:	Datum:

6 Beschichten und Bekleiden eines Bauteiles

1. Ergänzen Sie die Übersicht der Bindemittel für Putze.

Bindemittel	DIN	Für Außenputz verwendbar?
Kalk	EN 459	nur hydraulischer K.
Zement	EN 197	ja
Gips	EN 13279	nein
Putz- u. Mauerbinder	EN 413	ja

2. Warum darf Gips nicht mit Zement vermischt werden?

Gips bindet beim Erhärten Wasser, wodurch das Volumen zunimmt. Dadurch kann der Mörtel zerstört werden. Gips bindet nicht wie Zement hydraulisch ab. (Der Gips stört die Hydratation.)

3. Erklären Sie die Begriffe *fette Mischungen* und *magere Mischungen*.

Fette Mischungen haben einen zu hohen Bindemittelgehalt.
Magere Mischungen haben einen zu niedrigen Bindemittelgehalt.

4. Erklären Sie den Begriff *Putzleisten* hinsichtlich Arten und Verwendung.

Putzleisten sind senkrecht angebrachte Leisten aus Metall oder Kunststoff. Sie dienen als Bezugshöhe zum Abziehen der Putzflächen oder zur Herstellung von Kanten mit erhöhter Beanspruchung

5. Ein guter Putzgrund muss bestimmte Eigenschaften aufweisen. Begründen Sie folgende Forderungen:

kein Mischmauerwerk	Unterschiedliche Spannungen führen zu Rissen.
sauber	Schmutz bildet eine Trennschicht und verhindert damit eine kraftschlüssige Verbindung zum UG.
rau	Durch die vergrößerte Oberfläche wird eine bessere Haftung erreicht.
tragfähig	Der Putzgrund muss mindestens die Festigkeit des erhärteten Putzes aufweisen.
ohne Risse und Fugen	Die Putzschale würde reißen.
nicht zu saugfähig	Der Putzgrund darf dem Mörtel nicht zu viel Wasser entziehen, damit er bearbeitbar und abbindefähig bleibt.

Name: ______ Klasse: ______ Datum: ______

6. Die folgenden Fehler sollten Ihnen nicht unterlaufen. Was können die Ursachen für solche Schäden sein?

Putzschaden:	*Mögliche Ursache:*
Putz sandet ab.	*Der Putzmörtel erhält zu wenig Bindemittel, er ist zu „mager“.*
Putz löst sich über einer Fuge.	*Fugenüberdeckung fehlt oder mangelnde Ausführung.*
Sockelputz bekommt Schwindrisse.	*Der Putzmörtel enthält zu viel Bindemittel, er ist zu „fett“.*

7. Welche Eigenschaften muss ein Außenputz aufweisen?

Er muss – haftfähig und nach dem Erhärten elastisch sein
– witterungs- und frostbeständig ein
– für Wasserdampf durchlässig sein

8. Die Bauherren des Reihenhauses haben sich für eine Teilung des geplanten Schlafzimmers in zwei Räume – Schlaf- und Arbeitszimmer – entschieden. Leider fiel die Entscheidung erst nach der Fertigstellung des Hauses. Welche Wandart zur Trennung des Raumes würden Sie vorschlagen? Begründen Sie Ihren Vorschlag.

Vorschlag: Leichtbauwand. Das bringt kaum Schmutz und geht schneller, weil die Wand nicht austrocknen muss. Außerdem kann sie sofort tapeziert werden, der Untergrund ist wie ein Trockenputz. Durch ihre geringe Eigenlast entsteht auf der Decke keine nennenswerte Belastung.

9. Welche Platten eignen sich als Wandtrockenputz?

Gipsplatten und faserverstärkte Gipsplatten

10. Ein Altbau soll renoviert werden. Dabei sind auch einige Öffnungen zu verkleinern oder zu vergrößern. Leider sind einige alte Wände recht schief. Damit an diesen schiefen Wänden der Putzauftrag an einigen Stellen nicht zu dick wird, die Wand aber exakt eben werden soll, entscheidet man sich in einem Raum für einen Wandtrockenputz. Wie können die Unebenheiten ausgeglichen werden?

Die Unebenheiten werden zuerst mit etwa 10 cm breiten Plattenstreifen und batzenförmigem Ansetzmörtel ausgeglichen. Dann werden die Putzplatten auf die lot- und fluchtgerecht ausgerichteten Plattenstreifen im Dünnbettverfahren aufgesetzt.

Name: ______ Klasse: ______ Datum: ______

6 Beschichten und Bekleiden eines Bauteiles

1. Im Keller ist ein Hobbyraum vorgesehen. Welche Estrichart schlagen Sie für diesen Raum vor? Begründen Sie.

   Vorschlag: Estrich auf Dämmschicht. Der Raum kann, wenn er nach unten gegen den Boden gedämmt ist, auch im Winter zum Basteln und Spielen genutzt werden, ohne dass man kalte Füße bekommt.

2. Generationenkonflikt: Junior freut sich des Lebens und hört gerne laute Musik. Entwerfen Sie einen Fußbodenaufbau für die Kinderzimmer mit Anschluss an die Trennwand der beiden Räume. Zeichnen Sie diesen Aufbau als Schnitt im Maßstab 1:5 einschließlich Bemaßung, Beschriftung und Schraffur. Während Junior seine Musik hört und dabei tanzt, muss die Mutter in Ruhe eine Etage tiefer ihre Musik hören können!

Siehe auch **Lernfeld Bautechnik / Grundstufe** Seite *216 ff.*

Bodenbelag gewählt: *Parkett* d = *10 mm*
Estrich gewählt: *Estrich auf Dämmschicht* d = *4,5 cm*
Dämmung gewählt: *Trittschall-/Wärmed.* d = *5 cm*
(Verschiedene Vorschläge möglich)

Fußbodenaufbau 1:5

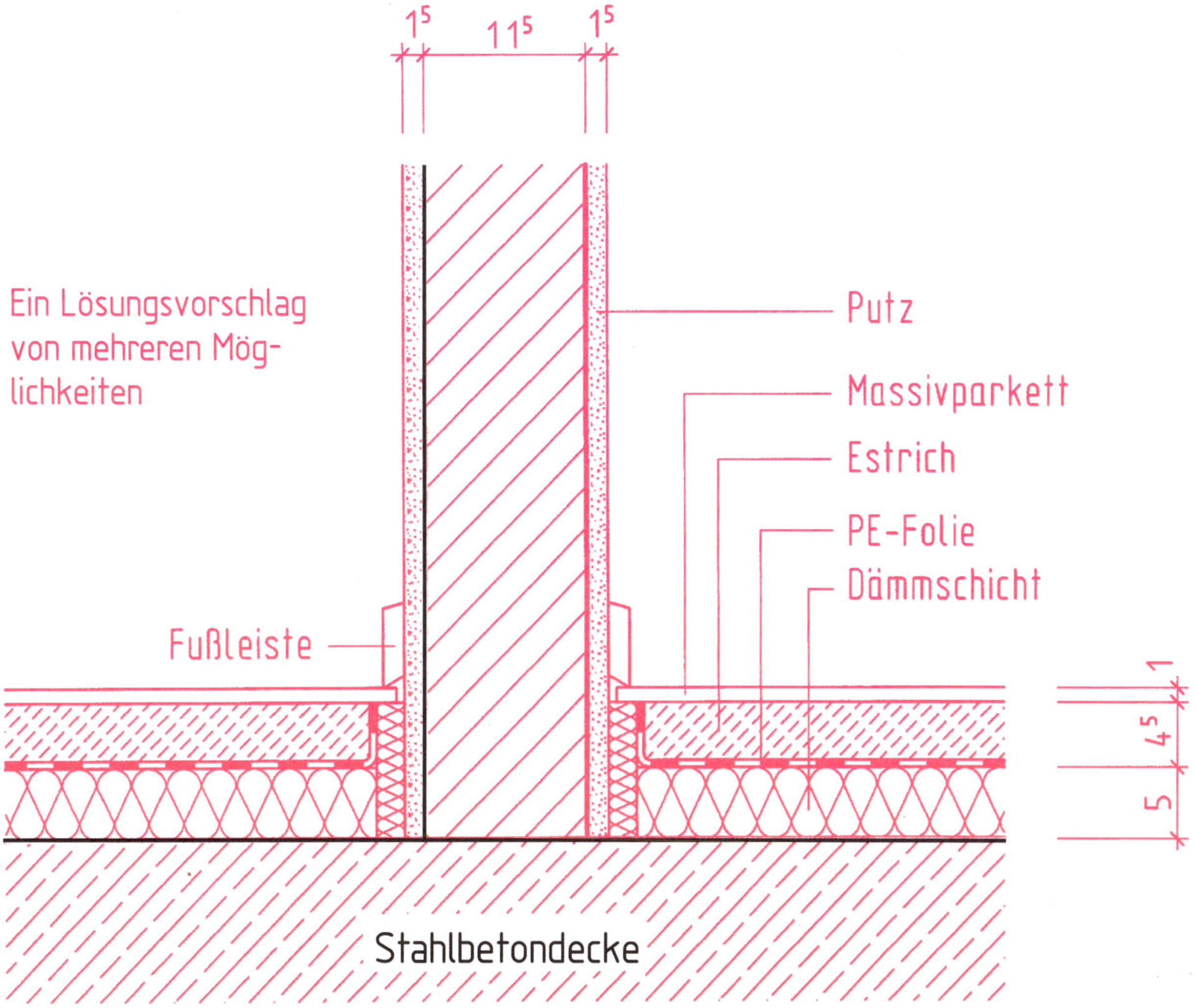

Name: ______ Klasse: ______ Datum: ______

6 Beschichten und Bekleiden eines Bauteiles

Der Fußboden des Wintergartens unseres Reihenhauses soll einen Fliesenbelag erhalten.

1. Wählen Sie ein für diese Anwendung geeignetes, trocken gepresstes keramisches Erzeugnis, und geben Sie seine Kennbezeichnung nach DIN EN 14411 an. Begründen Sie Ihre Wahl.

Der Wintergarten hat einen direkten Zugang zum Außenbereich. Er wird u. U. von vielen Menschen (z. B. bei Familienfesten) in Straßenschuhen genutzt. Der Fußbodenbelag sollte deshalb verschleiß- und abriebfest sein.

Gewählt: Trocken gepresste keramische Fliesen (BI_b) mit niedriger Wasseraufnahme, unglasiert.

Begründung: Dichter, sehr widerstandsfähiger Scherben. Unglasiert, da erhöhte Verschleißfestigkeit gegenüber glasiertem Material.

Bezeichnung: Keramische Fliese/Platte der 1. Sortierung nach EN 14411, 20 x 20 cm, UGL

2. Nennen Sie ein zweckmäßiges Verlegeverfahren für das Ansetzen der Fliesen und begründen Sie Ihre Entscheidung.

Dünnbettverfahren (hier: Floating-Verfahren), da aufgrund des Estrichs als Unterlage ein ebener Untergrund vorliegt und mit Unebenheiten nicht zu rechnen ist.

3. Berechnen Sie die Anzahl der zu bestellenden Fliesen sowie den zur Verlegung benötigten Mörtelbedarf (siehe Grundriss Lernfeld Bautechnik/Grundstufe, Seite 4).

Angaben für die Berechnung:
- Dicke der Glaseinfassprofile am Fußboden 5 cm
- Dicke des Zementmörtel-Putzes am Hausanschluss 1,5 cm
- Koordinierungsmaß 20/20 cm
- Verschnitt der Fliesen 5 %
- Mörtelbett der Fliesen d = 6 mm

Außenmaße Wintergarten:	*3,50 m · 2,50 m*
Verlegefläche:	*3,40 m · 2,435 m = 8,28 m²*
Fliesenbedarf:	*8,28 m² : (0,20 m · 0,20 m) = 207 Fliesen*
Gesamtbedarf:	*207 Fliesen · 1,05 = 217,4 → 218 Fliesen*
Mörtelbedarf:	*8,28 m² · 6 l/m² = 49,68 l → 50 l*

4. Zeichnen Sie den Fliesenbelag auf der nächsten Seite im Maßstab 1:25 ein und bemaßen Sie die Zeichnung. Achten Sie auf eine symmetrische Anordnung der eventuell vorhandenen Reststücke. Einteilung für Fliesen 20/20 (Koordinierungsmaß).

Berechnung:

in der Länge:	*340 cm : 20 cm = 17 Fliesen (keine Reststücke)*
in der Breite:	*243,5 cm : 20 cm = 12,2 Fliesen → gewählt 11 Fliesen*
	20 cm · 11 = 220 cm → 243,5 cm – 220 cm = 23,5 cm
	Rest 23,5 cm : 2 = 11,75 cm (> 20/2!)
	notwendig: 2 Reihen mit Reststücken à 11,75 cm

Name: ______ Klasse: ______ Datum: ______

Zeichnung zu Aufgabe 4 von vorheriger Seite:

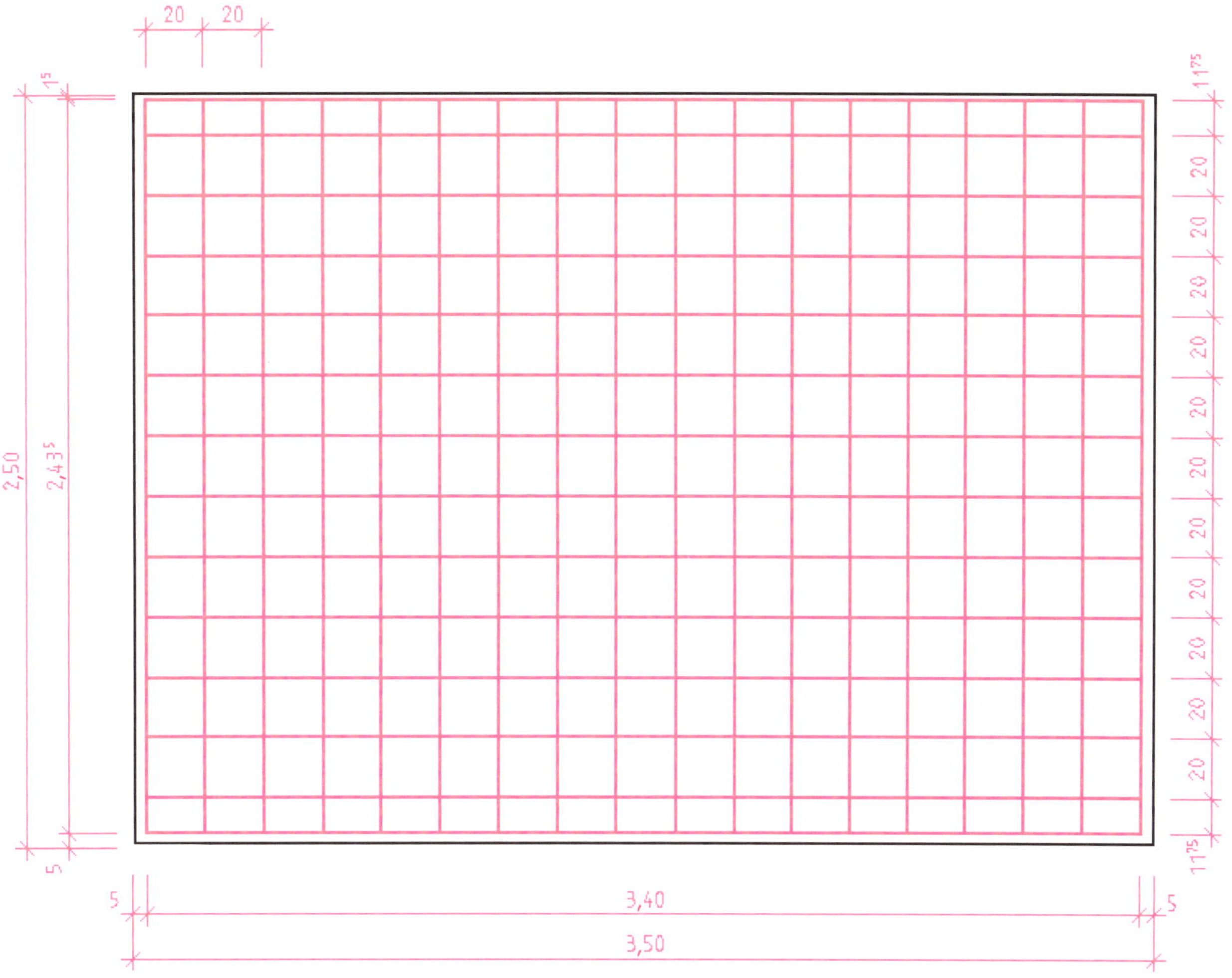

5. Berechnen Sie die Gesamtkosten für die Herstellung des Fliesenbelags im Wintergarten.

Lohnkosten	75,00 €/h
Aufwandswert	0,8 h/m²
Materialkosten incl. Mörtel	48,00 €/m²

Lösung:

pro m²: *Lohn 45,00 €/h · 0,8 h/m²* *= 60,00 €/m²*

Material *= 48,00 €/m²*

= 108,00 €/m²

gesamt: *(Verlegefläche s. Aufg. 3)* *= 108,00 €/m² · 8,28 m²*

= 894,24 €

Name: ____________ Klasse: ____________ Datum: ____________

Für die Außenwände des Untergeschosses unseres Reihenhauses ist ein Abdichtungs- und Dränsystem zu entwerfen.

1. Vervollständigen Sie den Schnitt durch die Außenwand (Bereich Hobbyraum) einschließlich Bemaßung und Schraffur im Maßstab 1:20.

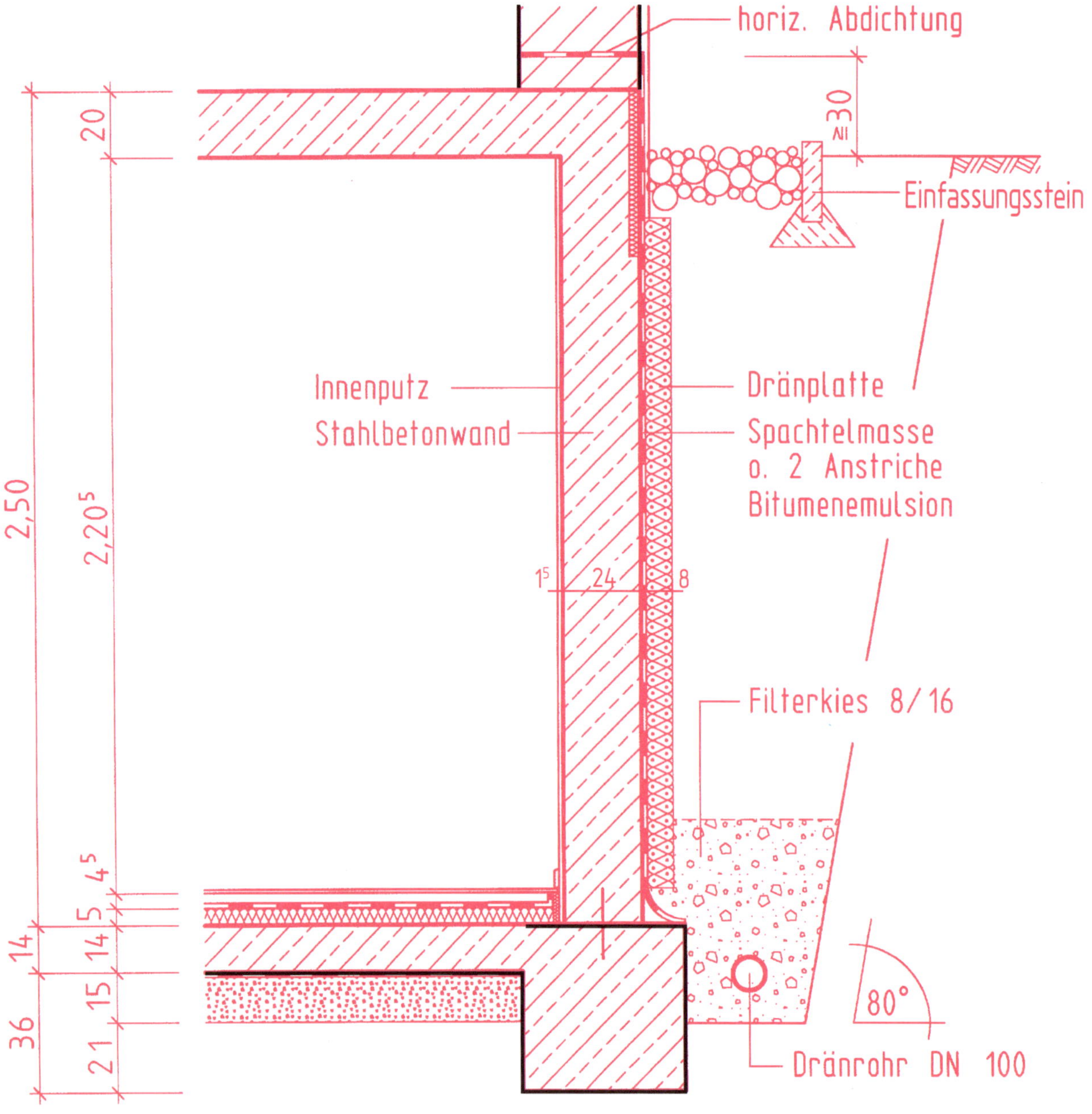

2. Zeichnen Sie ein funktionstüchtiges Abdichtungs- und Dränsystem für die Außenwand und den UG-Boden in die Zeichnung oben ein.

   Für die senkrechte Wandabdichtung sind geeignete Materialien auszuwählen und bei der Beschriftung der Zeichnung anzugeben.

   Zusätzliche Angaben:
   Böschungswinkel gemäß DIN 4124 für Fels
   Dränplatten d = 8 cm
   Dränleitung PVC gelocht, DN 100
   50 cm breiter Streifen mit Grobkiesschüttung an der Geländeoberfläche vor der Hauswand, Tiefe der Schüttung ca. 15 cm

Name:	Klasse:	Datum:

3. Begründen Sie, weshalb eine einfache kapillarbrechende Schicht allein unterhalb des UG-Fußbodens nicht ausreicht.

Das Untergeschoss wird auch zu Aufenthaltszwecken (Hobbyraum) genutzt. Deshalb ist der Fußboden mit zusätzlichen Abdichtungsmaterialien und Wärmedämmung zu versehen.

4. Weshalb kann bei unserem Projekt auf den Einbau von horizontalen Abdichtungen in der UG-Wand verzichtet werden?

Die Umfassungswände des UG bestehen aus Stahlbeton mit einer Festigkeitsklasse von mindestens C25/30. Kapillarität ist bei dieser Betonklasse praktisch nicht vorhanden. Somit kann auch auf horizontale Abdichtungen in der Betonwand verzichtet werden. Die Außenwände des EG bestehen jedoch aus Mauerwerk. Führt die Betonwand nicht mindestens bis 30 cm über GOK (Spritzwasserbereich), so ist in dieser Höhe in der Mauerwerkswand (Mörtelfuge) eine horizontale Abdichtung anzubringen.

5 a) Skizzieren Sie die Dränleitungen, Putz- und Spülschächte und den Einsteigschacht gemäß Entwässerungsplan im Fachbuch **Lernfeld Bautechnik / Grundstufe** Seite 75 in den Lageplan Maßstab 1:200 ein. Ergänzen Sie zur besseren Übersicht die Grundstücksgrenzen.

b) Geben Sie Gefällerichtung und Gefällegröße in der Skizze an.

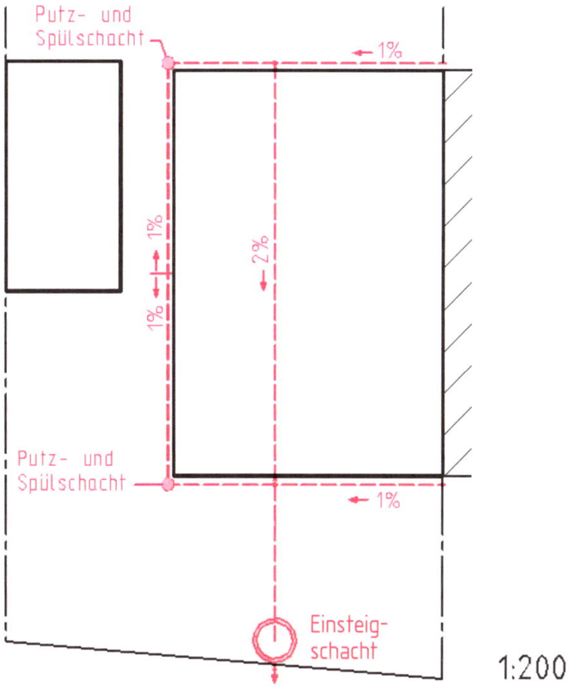

c) Wohin wird das Sickerwasser der Dränleitungen letztendlich abgeleitet?

Über den Straßenkanal in das Klärwerk, da gemeinsame Ableitung mit häuslichem Schmutzwasser

d) Wie lang ist die Leitung zwischen Außenkante Fundament Nord und Einsteigschacht Mitte? Die zur Berechnung notwendigen Zahlenangaben erhalten Sie aus dem Entwässerungsplan im Fachbuch.

Sohlenhöhe der Grundltg. bei Fundamentinnenseite Süd 200,60 m ü. NHN

Sohlenhöhe Mitte Einsteigschacht 200,30 m ü. NHN

Höhendifferenz 200,60 m – 200,30 m = 0,30 m

Gefälle 2% → l = h · 100% / p = 0,30 m · 100% / 2% = 15,00 m

Abstand Fund.-kanten: 10,99 m – 0,24 m – 0,13 m + 0,13 m = 10,75 m

Länge der Leitung = 15,00 m – 10,75 m = 4,25 m

Name: Klasse: Datum: